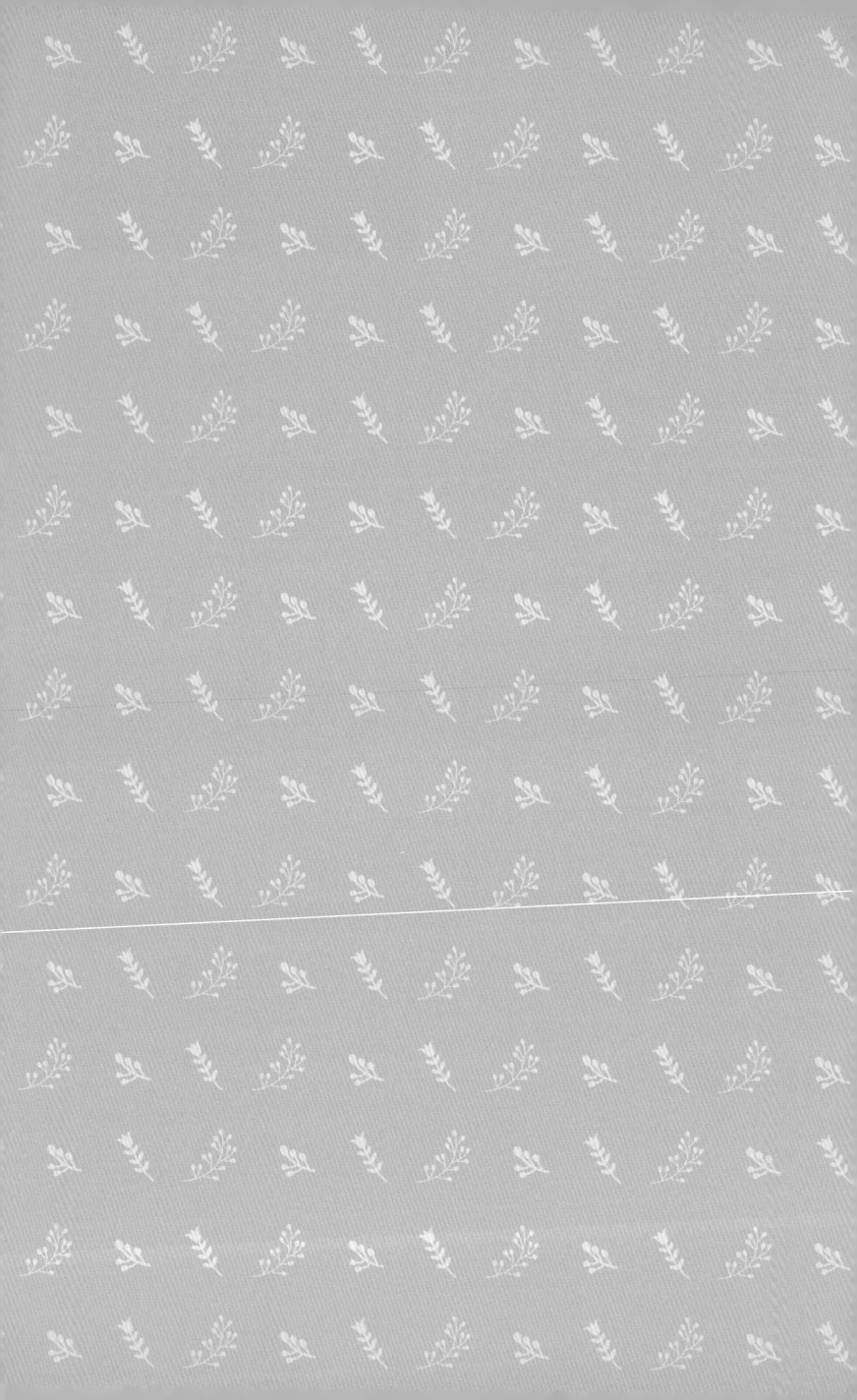

어학연수&유럽여행

Malta
그럴땐 몰타

글·사진 이세영

프롤로그
:27살, 떠나기로 결심하다.

대학원을 졸업하고 처음으로 사회생활을 시작했다. 낯선 서울 땅에서 등교가 아닌 출근을 하고, 용돈이 아닌 월급을 받으면서 많은 것이 달라졌다. 처음 한 달간 출근을 하며 들었던 생각은 '아, 이게 아닌데'. 좋아하는 건 취미로 하고 돈은 그냥 벌어야지, 라고 자위하며 시작한 첫 직장인데 아무래도 아닌 건 아닌 모양이다. 적성검사가 절실해졌고 휴학 한번 안 하고 달려온 내 인생에는 쉼표가 필요했다. 적성에 대해 고민하고, 삶의 목적에 대해 생각할 시간이 필요했던 것이다. 그때 처음, 떠나기로 마음먹었다.
사실 여행만 하고 싶었지만 그러기엔 내 영어실력은 턱없이 부족했다. 최소한 외국에 나가 굶어 죽지 않기 위해, 사기를 당하고 머나먼 타국에서 눈물 흘리지 않기 위해서 나에게 어학연수는 필수사항이었다. 나는 유학원으로 가서 어학연수와 자유여행을 하고 싶노라고 말했다.
"자유여행은 어디로 가고 싶은데?"
"글쎄… 딱히 생각해 본 적은 없는데. 그리스랑 터키, 이탈리아는 한번 가보고 싶어요."
"지중해, 유럽 쪽이네. 그럼 몰타 어때?"

"몰타요?"
그때 처음으로 나는 몰타라는 나라를 알게 되었다. 이탈리아의 시칠리아 섬 아래쪽에 위치한 작은 섬나라 몰타는 우리나라 제주도의 1/6, 그러니까 강화도만 한 나라라고 했다. 유럽 사람도 어학연수 겸 휴양 겸 온다는 몰타는 수업료와 물가도 저렴하고 한국 사람이 많이 없다고 했다. 유럽이랑 가까워 여행하기도 편하고, 치안도 좋아 안전하다니 나쁠 게 없었다. 아니, 마음에 들었다.
"그래요 몰타. 좋네요."
한국 사람들이 많이 모른다는 건, 그만큼 몰타에 대한 정보를 구하기 힘들다는 말이기도 했다. 인터넷을 아무리 살펴봐도 광고 글만 즐비할 뿐 정제된 진짜 정보를 찾기란 쉽지 않았다. 아는 만큼 보인다는 말이 있던가. 정보 없이 갔더니 작은 나라 몰타에서도 놓치고 온 부분들이 꽤나 많았었다. 아직까지는 사람들에게 많이 알려져 있지 않은 아름다운 지중해 섬 몰타를 소개하고, 그곳으로 여행 혹은 어학연수를 준비 중인 사람들에게 조금이나마 도움이 되고자 나는 책을 쓰기로 마음먹었다.

p136

고조 섬
Gozo

- 위에니 베이 천일염전
- 람라 베이
- 젭부즈 Zebbug
- 타 콜라 풍차
- 아르브 Gharb
- 마살푼 Marsalforn
- 쥬간티아 신전
- 칼립소 동굴
- 샤라 Xagħra
- 타 피누 바실리카 성당
- 빅토리아 Victoria
- 나두르 Nadur
- 칼라 Qala
- 슬렌디 Xlendi
- 세우키야 Xewkija
- 아주르 윈도우
- 블루 홀
- 산나트 Sannat
- 임자르 Mġarr
- 블루 라군
- 임자르 페리 선착장

- 치케와 페리 선착장
- 멜리에하 베이
- 뽀빠이 빌리지
- 골든 베이

몰타 전체 주요 관광 지도

MALTA

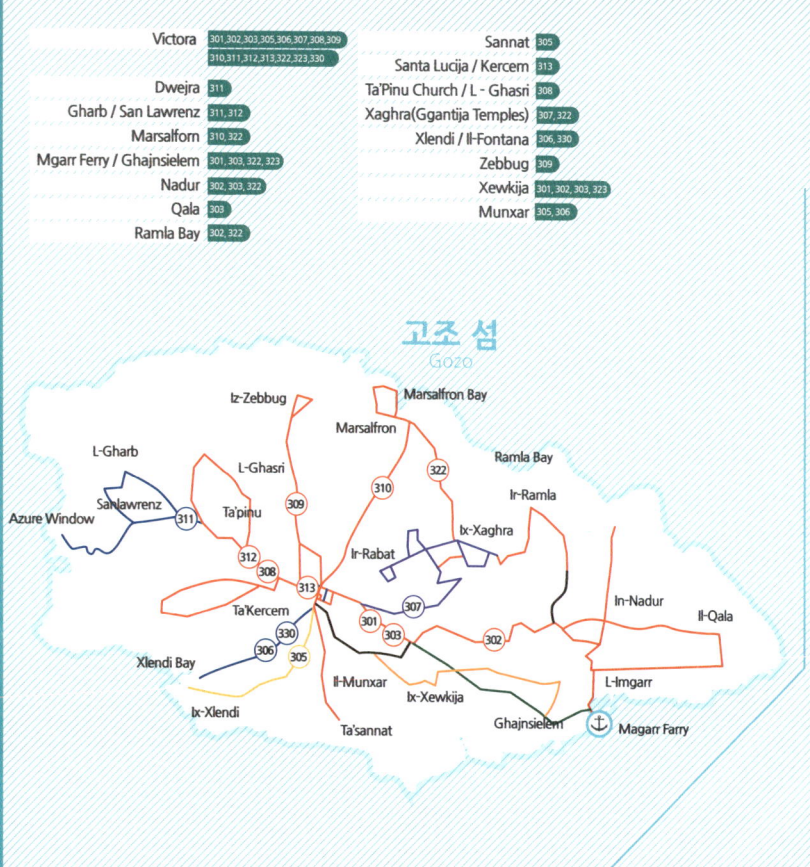

MALTA PUBLIC TRANSPOR

몰타 버스 노선도

Location	Routes
Valletta	1, 2, 3 12, 13, 15 31, 37 41, 42, 44 51, 52, 53 62 71 81, 82, 85 91, 92, 93, 94 X4, X5, X7
Airport	201 X1, X2, X3, X4, X5, X7
Birgu	2 X7
Blue Grotto	71 201
Bugibba / Qawra	12 31 221, 223 X3
CirKewwa Ferry	41, 42 101, 102 221, 222, 237 X1
Crafts Village near Ta'Qali	202, 203 X3
Dingli	52 201, 202
Golden Bay	44 101, 102 223, 225
Isla	1
Kalkara	3
Marsaskala	91, 92, 93 119 X5
Marsaxlokk	81, 85 119
Mater Dei Hospital	31, 37 202, 203 X1, X2
Mdina	51, 52, 53 201, 202, 203 X3
Mellieha	37 41, 42 101, 102 221, 222 X1
Mgarr	41, 42, 44 101, 102 225
Mosta	31 41, 42, 44 205, 225
Paceville	12, 13 202, 203, 223, 225 X2
Popeye Village	237
Rabat	51, 52, 53 201, 202, 203, 205 X3
St. Julian's	12, 13 202, 203, 223, 225 X2
Siggiewi	61 201
Sliema	12, 13, 15 202, 203, 223, 225 X2
Ta'Qali	51, 52, 53 202, 203, 205 X3
Tarxien	81, 82, 85
Zurrieq	71 201

버스 터미널   버스 분기점

Part 1. 알고 떠나자, 몰타

STEP 01. About Malta.

- 01 몰타, 어디에 있어? ·14
- 02 몰타의 언어 ·15
- 03 몰타, 날씨는 어때? ·15
- 04 몰타의 매력이 뭐야? ·16
- 05 몰타의 역사 ·17
- 06 몰타와 성 요한 기사단 ·17
- 07 몰타 십자가 ·18
- 08 몰타와 강아지와의 관계 ·19
- 09 이 영화를 몰타에서 찍었다고? ·19

STEP 02. 몰타로 떠나자

- 01 관광비자와 쉥겐협약 ·20
- 02 몰타로 가는 항공권 ·22

STEP 03. 몰타 교통 이용하기

- 01 버스 ·24
- 02 택시 ·26
- 03 시티투어버스 ·27
- 04 페리 ·29
- 05 렌터카 ·31

STEP 04. 몰타, 사고 맛보고 즐기고 머물고

- 01 몰타 쇼핑 리스트 ·34
- 02 몰타에서 맛보기 ·36
- 03 몰타에서 놀기 ·38
- 04 몰타에서 머물기 ·46
- 05 몰타 여행 코스 ·50

Part 2. 몰타에 빠져들기

STEP 01. 몰타 섬 볼거리

- 01 몰타의 수도 발레타 · 58
- 02 시간이 멈춰있는 임디나 & 라밧 · 76
- 03 사람냄새 가득한 마샤슬록 · 88
- 04 발레타를 향해 아름답게 피어있는 도시 쓰리 시티즈 · 102
- 05 낮에는 로맨틱하고 밤에는 흥이 넘치는 몰타 동부 · 111
- 06 광활한 자연과 깊은 역사가 살아 숨쉬는 몰타 남부 · 117
- 07 아름다운 해안도시 몰타 북부 · 125

STEP 02. 고조 섬 볼거리

- 01 고조 섬 가는 법 · 139
- 02 고조 섬에서 움직이기 · 140
- 03 몰티즈가 사랑하는 휴양지, 고조 · 142

STEP 03. 코미노 섬 볼거리

- 01 코미노 섬 가는 법 · 156
- 02 유럽인의 신혼여행지 코미노 섬 · 158

인터뷰. 몰타 현지인 웨인님· 162

Part 3. 몰타에서 영어공부

STEP 01. 몰타로 어학연수를 떠나는 이유
- 01　몰타 어학연수, 장점과 단점 · 167

인터뷰. 어학연수 생 유수미님 · 168

STEP 02. 몰타비자
- 01　몰타 비자의 종류 · 170
- 02　몰타에서 학생비자 발급받기 · 170
- 03　비자 연장 신청 절차 · 172

인터뷰. 어학연수 생 심민현님 · 174

STEP 03. 몰타로 어학연수 가기
- 01　어학원 선택, 어느 곳이 좋을까? · 176
- 02　어학연수 기간 · 178
- 03　어학연수 숙박 형태 · 179
- 04　대략적인 어학연수 비용 · 180
- 05　어학연수 짐 싸기 · 181

인터뷰. 어학연수 생 김우빈님 · 184

STEP 04. 연계 어학연수
- 01　몰타 + 영국 · 186
- 02　몰타 + 아일랜드 · 186
- 03　필리핀 + 몰타 · 186

인터뷰. 연계연수 생 한우성님 · 188

STEP 05. 몰타 현지생활 노하우
- 01　몰타에서 현금카드 사용하기 · 190
- 02　휴대폰 사용하기 · 190
- 03　몰타에서 장보기 · 191
- 04　몰타에서 영화보기 · 194

인터뷰. 몰타 조기유학 도원이네 · 196

인터뷰. 몰타스토리 대표님 · 198

Part 4. 몰타에서 유럽여행

STEP 01. 유럽 저가항공 이용하기
- 01　유럽의 대표 저가항공사 · 203
- 02　저가 항공사 수화물 규정 · 204
- 03　저가 항공, 어떻게 예매할까? · 205
- 04　저가 항공사 이용 팁 · 205

STEP 02. 몰타에서 유럽여행
- 01　몰타에서 유럽 여행하는 법 · 208
- 02　장기간 여행 시 짐 보관 법 · 210

STEP 03. 유럽여행 추천 국가
- 01　몰타에서 가기 좋은 국가 BEST 3 · 212
- 02　내가 나녀온 유럽여행 214

해외 비상 연락망 · 252

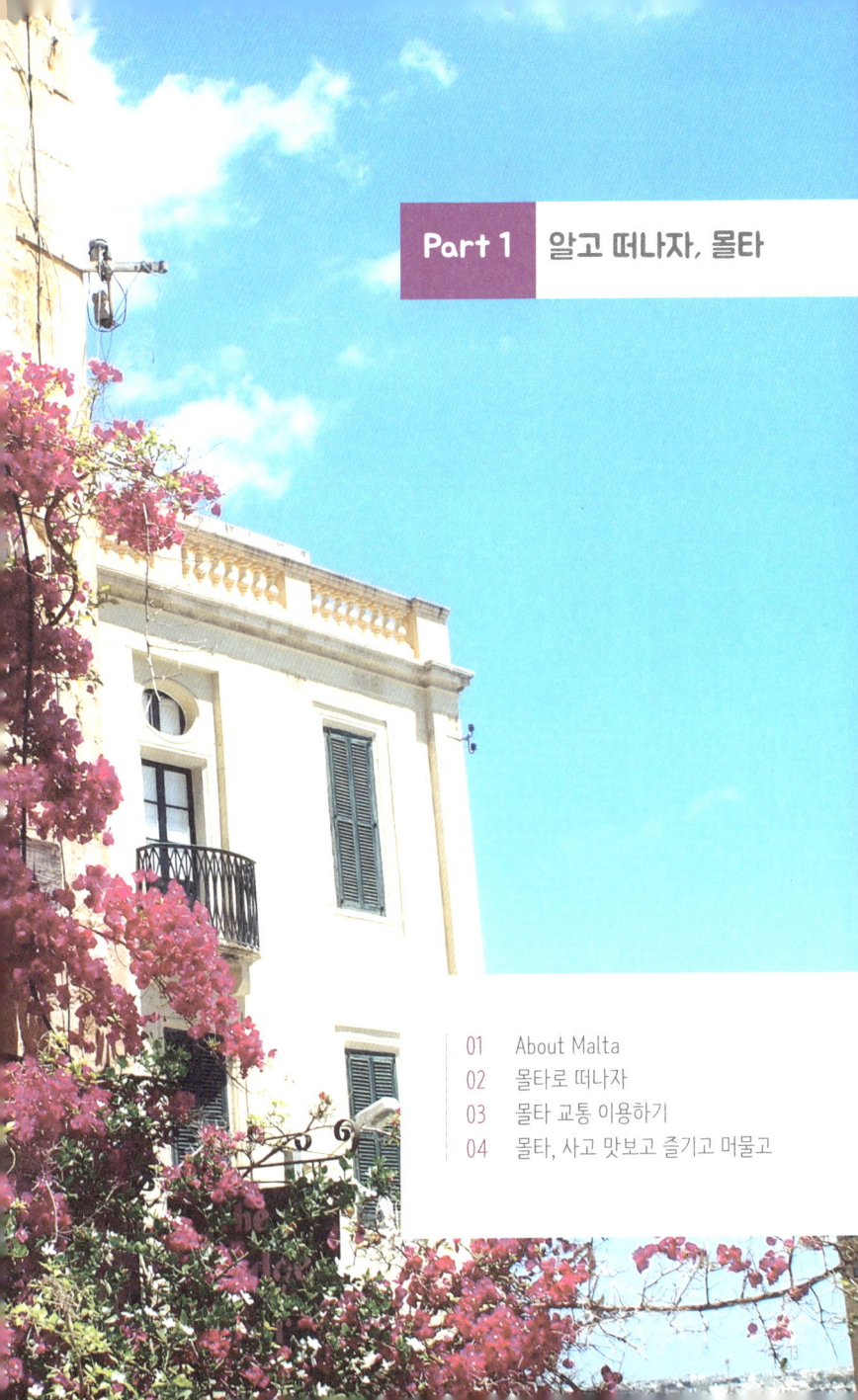

Part 1 알고 떠나자, 몰타

01 About Malta
02 몰타로 떠나자
03 몰타 교통 이용하기
04 몰타, 사고 맛보고 즐기고 머물고

STEP 01. About Malta.

01 몰타, 어디에 있어?

유럽연합 소속 국가 중 가장 작은 나라 몰타는 이탈리아의 시칠리아 섬 남쪽 끝자락에 자리 잡은 섬나라다. 우리나라 제주도의 1/6 크기, 약 강화도 만한 나라로 푸른 지중해 한가운데 떠 있다. 본 섬인 몰타 섬과 함께 고조 섬, 코미노 섬, 그밖에 3개의 작은 무인도까지 총 6개의 섬으로 이루어진 섬나라이며, '세상에서 가장 느린 나라'라는 별명을 가지고 있을 만큼 여유로운 곳이다. 아름다운 자연경관 덕에 유럽인에게 사랑받는 신혼여행지이자 휴양지로 연중 화창한 날씨를 자랑한다.

몰타의 언어 | 02

과거 164년 동안 영국의 지배를 받아온 몰타는 나라 곳곳에서 영국의 흔적을 찾아 볼 수 있다. 그 중 하나가 언어로, 몰타는 몰타어와 함께 영어를 공용어로 사용하고 있다. 그밖에 이탈리아와 가까운 지리적 특성상 대다수의 국민들이 이탈리아어를 사용할 수 있으며, 국민 중 일부는 프랑스어와 아랍어 등 다양한 언어를 구사할 수 있다. 몰타는 유럽연합에서 여러 가지 언어를 가장 능숙하게 구사하는 나라 중 하나다.

몰타, 날씨는 어때? | 03

따뜻한 지중해성 기후인 몰타는 365일 중 300일이 맑은 날씨와 건강한 햇살이 내리쬔다. 덕분에 '태양의 나라'라는 별명을 가지고 있을 정도. 대체로 4월~10월까지는 비가 내리지 않은 날씨며 6월~9월까지는 성수기에 속한다. 날씨에 따라 다르지만 대체적으로 5월부터 10월까지는 바다수영이 가능하다. 한 여름인 7월~8월에는 기온이 무려 40도가 넘을 때도 있지만 건조한 덕에 생활하기에 힘들지 않고, 햇빛을 피할 수 있는 그늘에서는 시원하다. 겨울철에 해당하는 11월에서 2월은 장마기간으로 비가 자주 내리는 편이지만 소나기같이 일시적으로 짧은 시간 동안 쏟아지는 비가 대부분이다. 겨울철 평균 기온은 10~15도로 마이너스로 떨어지는 일이 없으나 바람이 많이 불고 습한 탓에 생각보다 체감온도가 낮다. 몰타의 겨울은 대체로 우리나라 가을 혹은 초겨울에 해당하는 날씨가 이어진다.

수도	발레타 (Valletta)
언어	몰타어, 영어
인구	약 43만 명 (2019년 기준)
면적	약 316㎢ (제주도 약 1/6)
기후	따뜻한 지중해성 기후로 평균 낮 기온은 22℃로 유럽에서 가장 높다. 여름엔 고온건조하고 겨울엔 온난습윤한 날씨다. 연중 맑고 화창한 날씨를 자랑하지만 11~2월 사이는 장마기간으로 비가 내리며 때에 따라 태풍이 발생한다.
화폐	EU국가로 유로사용
전압	240v, 50Hz사용

국가 공휴일

1월 1일	New Year's Day	신정
2월 10일	Feast of St. Paul's Shipwreck	성 바울 난파축제
3월 19일	Feast of St. Joseph	세인트 조셉축제
3월 31일	Freedom Day	자유의 날
3 / 4월	Good Friday	성 금요일 (부활절 전 금요일)
5월 1일	Labour Day	노동절
6월 7일	Sette Giugno	독립운동 기념일
6월 29일	Feast of St. Peter and St. Paul (L-Imnarja)	세인트 피터 앤 폴의 날
8월 15일	Feast of the Assumption of Our Lady (Santa Marija)	성모 승천의 날
9월 8일	Feast of Our Lady of Victories	승리의 날
9월 21일	Independence Day	독립기념일
12월 8일	Feast of the Immaculate Conception	성모 수태를 기리는 날
12월 13일	Republic Day	공화국 건국 기념일
12월 25일	Christmas Day	크리스마스

04 | 몰타의 매력이 뭐야?

유럽의 제주도, 유럽인들이 가장 선호하는 신혼여행지 1위인 몰타는 계절에 상관없이 관광객들의 발걸음이 끊이질 않는다. 섬나라답게 스킨스쿠버와 각종 해양스포츠를 즐기기 좋으며, 눈부신 태양이 내리쬐는 여름이면 휴양을 즐기기 위해 많은 사람들이 몰려든다.

과거 영국 지배의 영향으로 영어를 몰타어와 함께 공용어로 사용하는 몰타는, 저렴한 물가와 우리나라만큼 안전한 치안 덕분에 어학연수지로도 사랑받고 있다. 특히 여름철이 되면 휴가와 어학연수를 동시에 즐기려는 세계 각국의 사람들이 몰타로 온다. 몰타는 아직 우리나라 사람들에게 다소 생소하지만 어학연수를 목적으로 방문하는 한국인이 꾸준히 증가하고 있다.

몰타의 역사

우리나라 제주도의 1/6 크기밖에 되지 않는 작은 나라이지만, 몰타가 가지고 있는 역사의 깊이는 지중해의 바닷속만큼이나 깊다. 몰타에서 찾아볼 수 있는 가장 오래된 고고학적 유적은 그 기원이 자그마치 BC 4000년경으로 거슬러 올라간다. 지중해 한가운데 위치한 지리적 이유로 인해 일찍이 여러 열강들에게 침입과 지배를 받아야 했던 몰타는 페니키아, 로마, 비잔틴 제국 등 여러 고대 지중해 문명이 지나간 흔적을 찾을 수 있다. AD 60년, 사도 바울이 로마로 압송되던 중 배가 난파되어 몰타에 불시착한 것을 계기로 기독교가 전파되었으며, 870년 아랍의 지배로 인해 아랍어가 몰타의 언어에 큰 영향을 끼쳤다. 에스파냐 왕국, 노르만 왕국 등 숱한 외세의 침략을 받던 몰타는 1530년부터 1798년까지 성 요한 기사단의 보호를 받으며 새로운 황금기를 맞이하게 되었다.
1798년 나폴레옹의 침입으로 2년간 프랑스가 몰타를 지배하였으나 그 이후 영국령이 되어 오랜 기간 동안 영국의 지배를 받게 되었다. 1964년 9월 21일 영국으로부터 독립한 몰타는 2004년 EU 회원국이 되었으며, 현재까지 세계 53개 영국연방 국가 중 하나이다.

몰타와 성 요한 기사단

성 요한 기사단을 빼놓고 몰타를 이야기할 수 없을 것이다. 지역에 따라 구호 기사단, 로도스 기사단, 몰타 기사단 등 다양한 이름으로 불리는 성 요한 기사단은 십자군 전쟁을 위하여 1113년에 창설된 기사단으로, 1530년 십자군이었던 8개국의 기사들이 몰타로 와 200년간 거주하면서 몰타 기사단이라 불리게 되었다. 신성 로마 제국 황제인 카를 5세의 도움으로 1530년에 몰타에 정착한 기사단은 몰타를 기반으로 다시 일어서게 된다.
1565년에 몰타는 오스만제국의 침략을 받게 되는데 당시 막강하던 세력을 자랑하던 오스만 제국으로부터 성요한 기사단은 몰타를 지켜낸다. 기록에 의하면 당시 4만의 오스만군을 상대로 고작 9천여 명에 불과했던 성 요한 기사단이 승리하는 저력을 발휘했다고 한다. 이 전투는 '몰타 대공성전(The Great Siege of Malta)'으로 알려져 있다. 이슬람 세력을 막아내는 방어기지 역할을 하며 오스만제국의 침략을 막아낸 공으로 당시 몰타의 소유권을 가지고 있던 스페인 찰스 5세가 성 요한 기사단에게 섬을 하사하면서 기사단의 통치가 시작되었다. 몰타 기사단은 1798년 나폴레옹의 통치 이후 몰타를 떠나 현재는 로마에 본부를 두고 있으며, 영토가 없음에도 불구하고 국가로 인정받고 있는 특수성을 가지고 있다.

07 몰타 십자가

몰타 기사단을 상징하는 십자가로 V자 4개가 하나로 결합한 모양을 하고 있다. 2008년부터 발행되고 있는 몰타의 1, 2유로 동전의 디자인으로 사용되고 있을 만큼 몰티 십자가는 몰타의 상징이기도 하다. 몰티 십자가의 모서리 8개는 기사가 반드시 가져야 하는 교리(1. 충성심 2. 신앙심 3. 아량 4. 용기 5. 영광과 명예 6. 죽음을 두려워하지 않는 자세 7. 가난한 사람과 아픈 사람을 돕는 자세 8. 교회에 대한 경의)와 몰타 기사단을 이루는 8개의 국가(아라곤, 프로방스, 이탈리아, 영국, 카스틸, 프랑스, 바바리아, 오베르뉴)를 상징한다고 한다.

몰타와 강아지와의 관계 | 08

아직까지 우리나라 사람들에게 몰타라는 섬나라는 생소하기만 하다. 몰타의 존재도 모르고 있던 우리가 이미 오래전부터 작은 섬나라 몰타와 밀접한 관계를 가지고 있다면 믿을까?
우리나라와 몰타의 연결고리는 바로 국민 애견으로 사랑받는 '말티즈(Maltese)'. 새하얀 털에 크고 동그란 눈과 특유의 애교로 사랑 받는 애견 말티즈(Maltese)는 몰타(Malta)의 공주님이라 불리는 강아지로 그 원산지가 몰타에 있다. 우리가 잘 알고 있는 말티즈는 현재 몰타 사람을 뜻하는 말이기도 하다. 아이러니하게도 현재 몰타에서 말티즈 강아지를 찾아보기가 힘들다. 대신 몰타 곳곳에서 고양이를 쉽게 볼 수 있는데, 옛날 주변 국가를 배로 오가던 시절 배에 있는 쥐를 잡기 위해 고양이를 싣고 와 몰타 섬에 두고 떠나는 선박이 많아지면서 개체 수가 증가하였다고 한다. 몰타에는 고양이가 워낙 많아, 고양이를 사랑하는 일본에서는 몰타 고양이를 주제로 한 사진 책이 있을 정도다.

이 영화를 몰타에서 찍었다고? | 09

작은 섬나라 몰타에 먼저 눈길을 던진 건 바로 세계인의 눈과 귀를 즐겁게 하는 흥행 보증수표 할리우드이다. 몰타는 세계적인 영화가 촬영된 곳이기도 한데, 시간이 멈춰있는 듯한 고풍스러운 도시와 눈부시게 아름다운 지중해의 바다를 품고 있는 덕에 우리에게도 잘 알려진 영화의 배경이 되었다. '트로이(Troy)'에서부터 '글래디에이터(Gladiator)', '다빈치 코드(The Da Vinci Code)', '월드워 Z(World War Z)' 등 인기 있는 영화들이 몰타에서 촬영되었으며 브래드 피트와 안젤리나 졸리가 함께 출연한 영화 '바이 더 씨(By The Sea)'도 몰타에서 제작되었다. 한국 영화 중 '실미도'의 수중촬영도 몰타에서 진행되었다.

STEP 02. 몰타로 떠나자

01 관광비자와 쉥겐협약

관광비자(무비자)

몰타는 쉥겐협약 가입국 중 한곳으로 180일 이내에 90일을 비자 없이 체류할 수 있다. 첫 EU국가 입국을 기준으로 날짜가 계산되며 91일부터는 비자 발급이 필요하니 90일 이상의 장기 여행이나 어학연수를 준비 중이라면 반드시 비자를 발급받아야 한다.

· 비자 발급에 대한 자세한 설명은 170페이지 참고.

쉥겐협약

서로 인접해 있는 유럽의 특성상 유럽 사람들 간의 이동을 편리하게 만들기 위해 유럽 각국이 공통의 출입국 관리 정책을 사용하여 국가 간의 통행에 제한이 없게 한다는 조약이다. 따라서 쉥겐 가입국을 여행할 때는 마치 국경이 없는 한 나라처럼 자유롭게 이동할 수 있으며 출입국 심사는 따로 하지 않는다. 쉥겐국가 최종 출국일 기준으로 이전 180일 이내 90일간 무비자 여행이 가능하다.

쉽게 말하자면 만약 쉥겐협약 국가인 몰타에서 30일 체류한 뒤 비쉥겐협약 국가인 영국을 10일 여행 후 다시 쉥겐협약 국가인 프랑스로 이동했다면 프랑스에서부터는 31일부터 날짜를 세어야 한다. 쉥겐국가에서 90일을 다 채운 후 귀국하였다면, 한국에서 다시 90일이 지난 다음 91일차부터 유럽에 체류할 수 있는 일수가 하루씩 증가한다. 즉 다시 90일을 무비자로 여행하고 싶다면 EU국가가 아닌 국가에서 180일을 머물러야 가능하다. 몰타에서 비자를 받았다면 비자를 받은 기간 동안 쉥겐협약 국가도 자유롭게 다닐 수 있는데, 단 미리 발급받은 비자를 반드시 소지해야 한다. 비쉥겐국가와 쉥겐국가 사이의 날짜 계산을 좀 더 치밀하게 계산하지 않으면 추후 유럽 입국 시 문제가 발생할 수 있다.

쉥겐협약 가입 국가 (총 26개국)

그리스, 네덜란드, 노르웨이, 덴마크, 독일, 라트비아, 루마니아, 리투아니아, 몰타, 벨기에, 불가리아, 스웨덴, 스위스, 스페인, 슬로바키아, 슬로베니아, 아이슬란드, 에스토니아, 오스트리아, 이탈리아, 체코, 키프로스, 포르투갈, 폴란드, 프랑스, 핀란드, 헝가리.

쉥겐 국가 이동 시 유의 사항

쉥겐협약에 가입된 국가 간 이동 시 별도의 출입국심사가 없기 때문에 체류 사실이 여권상 표기되지 않는다. 만일의 사태에 대비해 체류 사실을 증명하고자 할 때는 교통, 숙박, 신용카드 영수증 등이 필요하니 여행이 끝날 때까지 소지하는 것이 좋다.

02 몰타로 가는 항공권

현재까지 한국에서 몰타로 한 번에 가는 항공편이 없다. 몰타로 가기 위해서는 최소 1번 이상의 경유가 필요한데, 인천공항에서 몰타까지 대략 15시간 이상의 비행시간이 소요된다. 경유 시 대기시간까지 포함한다면 이동 시간은 20시간을 훌쩍 뛰어넘어 더 길어질 수 있다. 대기시간이 길다면 경유지에서 여행을 고려해 볼 수 있다. 일부 항공사에서는 중간 경유지에 내려서 24시간 이상 체류하고 다음 목적지의 비행기를 타는 서비스인 스탑오버(Stopover)를 무료로 제공한다. 스탑오버를 잘 이용하기만 하면 출국 혹은 귀국 시 무료로 여행을 즐길 수 있으니 구매 전 꼭 확인해보자. 어차피 몰타를 가기 위해서는 경유가 필수불가결하니, 평소 가고 싶었던 유럽의 도시를 경유지로 삼아 이동과 공짜 여행을 동시에 잡는 현명한 여행가가 되자!

항공권의 가격은 구매하는 시기와 항공사에 따라 다르지만 평균 왕복티켓 기준 110~130만 원 사이에서 구매 가능하다. 유럽으로 향하는 항공이라면 사실 어떤 항공사를 이용해도 상관없을 정도로 몰타로 가는 항공권은 생각보다 다양하다.

한국에서 몰타로 가는 항공사

한국에서 몰타까지 한번의 경유를 통해 갈 수 있는 대표적인 항공사는 알이탈리아, 영국항공 그리고 터키항공이 있다. 경유티켓으로 구매할 경우 보통 위탁수하물은 최종목적지인 몰타에서 찾을 수 있으나 출국 전 카운터에서 확인하는 것이 좋다. 경유지에 따라 다르지만 보통 2시간 이상인 것이 안전하다.

운행하는 요일과 시간이 항공사별로 상이하기 때문에 본인의 스케줄에 맞게 구매하면 된다. 일부 항공사에서는 경유지에서 며칠 동안 체류할 수 있는 '스탑오버' 서비스를 제공해 주기도 한다. 체류 일자는 체류 도시와 이용하는 항공사에 따라 다르니 잘 확인하자. 원하는 체류 날짜와 기간을 항공사에 요청하면 경유 도시 도착 후 체류 날짜가 끝난 날 몰타로 가는 항공권을 발권해준다. 단 그날에 몰타로 가는 항공스케줄이 있는지, 빈 좌석이 있는지 항공사 측에서 확인해야 하기 때문에 스탑오버 신청은 반드시 항공권 구매 전에 요청해야 한다.

1. 에미레이트 항공(Emirates) : 두바이 경유
2. 터키항공(Turkish Airlines) : 이스탄불 경유
3. 루프트한자(Lufthansa) : 프랑크푸르트 또는 뮌헨 경유
4. 알리탈리아(Alitalia) : 로마 경유
5. 네델란드항공(KLM) : 암스테르담 경유
6. 대한항공(Koreanair) : 로마, 프랑크푸르트, 런던, 비엔나 등 경유
7. 아시아나항공(Asiana) : 로마, 프랑크푸르트, 런던 등 경유
8. 에어프랑스 : 파리 경유
9. 영국항공 : 런던 경유

유럽에서 몰타로 가는 항공사

유럽의 많은 항공사들이 몰타로 가는 항공편을 운항 중이기 때문에 한국에서 유럽으로 가는 항공권과 해당 도시에서 몰타로 가는 항공권을 따로 구입하는 것도 가능하다. 특히 유럽에서는 저렴한 가격으로 항공권을 구매할 수 있는 저가 항공사가 많으니 잘 찾아보자. 몰타와 이탈리아는 가까이 있는 지리적 특성으로 가격도 저렴하니 이탈리아 여행 시 몰타 여행을 겸하는 것도 좋은 방법이다. 이탈리아 주요 도시에서 몰타까지 대략 1~2시간의 짧은 비행으로 이동이 가능하며, 이탈리아 남쪽에 있는 시칠리아 섬에서 몰타까지 배로 2시간이면 갈 수 있다. 실제로 몰타를 찾는 관광객 중 많은 사람들이 시칠리아 섬을 통해서 온다.

· 202페이지 저가항공 이용하기 참고

STEP 03. 몰타 교통 이용하기

01 버스

몰타의 유일한 대중교통인 버스. 배차 간격이 길고 정확하지 않은 시스템 때문에 운이 나쁘면 한 시간 가량 기다려야 하지만 이용할 수 있는 대중교통이 버스밖에 없으니 어쩔 수 없다. 여긴 한국이 아니니까 여유를 가지고 기다리자. 시간이 멈춘 몰타에선 버스 또한 여유를 가지고 기다려야 할 것. 버스 시스템을 계속해서 정비 중이니 더욱 발전된 모습을 볼 수 있을 것이다. 몰타의 메인 버스 터미널인 '발레타 버스 터미널(Valletta bus terminal)'에는 몰타 전국으로 가는 버스가 모여 있다. 몰타에서 버스를 탑승하는 방법은 크게 4가지로 나뉘는데 여행 기간과 목적에 맞게 표를 구매하여 사용하자.

버스기사님께 현금으로 구매

버스 번호에 상관없이 2시간 동안 자유롭게 환승 가능한 표로 버스 탑승 후 기사님께 현금으로 구매를 할 수 있다. 가끔 기사님에 따라 동전을 미리 준비하지 않으면 곤욕을 치를 수 있으니 꼭 준비하자! 버스 표를 살 때는 기사님께 간단히 "싱글 티켓 플리즈(Single Ticket Please)"라고 말하면 된다.

· 여름시즌을 제외한 날짜는 겨울 시즌에 속하며, 여름 시즌의 시작일은 매해 달라지나 보통 6월에 시작하여 10월 말에 끝난다.

겨울 €1.50 | **여름** €2.00 | **N 버스** €3.00

여행자용 카드 (Explore Adult / Child)

7일 동안 자유롭게 사용할 수 있는 카드로 공항과 발레타(Valletta) 및 주요 버스 터미널에서 구입할 수 있다. 처음 개시하는 시점을 시작으로 버스 번호에 상관없이 7일 동안 무제한으로 사용할 수 있으며 고조 섬과 심야버스인 N버스에도 사용할 수 있다. 몰타를 3일 이상 여행할 예정이라면 여행자용 카드를 구매할 것을 권장한다. 성인 €21.00 |10세 이하 어린이 €15.00

여행자용 카드 플러스 (ExplorePuls)

여행자용 카드에서 몇 가지 옵션이 추가된 상품이다. 더 다채롭고 풍부한 여행을 위한 카드로 2번의 페리 이용권과 선택 상품 1개가 추가 되었다. 이 카드를 이용하면 발레타(Valletta)에서 코스피쿠아(Cospicua)나 슬리에마(Sliema)로 오가는 페리를 2번 이용 할 수 있으며 하루 종일 이용할 수 있는 시티투어버스 상품과 슬리에마(Sliema)에서 출발하여 고조(Gozo)와 코미노(Comino)섬을 방문 할 수 있는 크루즈 투어 상품 중 1개를 선택하여 사용 할 수 있다.
· 시티투어 버스는 고조에서 이용 할 수 없으며, 크루즈 투어 상품 선택 시 무료음료 1잔이 제공된다.

€39.00

12회 승차권 (12 Single day journeys)

12회 승차권으로 사용하거나 N버스 6회 승차권으로 사용할 수 있으며 이 승차권 역시 공항과 발레타 버스 터미널에서 구입할 수 있다. €15.00

충전식 교통카드 (Tallinja)

홈페이지에서 카드를 신청하면 우편으로 교통카드가 발송된다. 카드 신청 시 여권번호를 기입해야 하며 몰타에서 거주 중이거나 우편을 받을 수 있는 현지 주소가 필요하다. 미리 카드에 요금을 충전해 놓고 사용하는 선불 식 교통카드로 한번 탈 때 €0.75의 저렴한 요금으로 탈 수 있다. 장기간 몰타에 머물 여행이나 어학연수 예정이라면 충전식 교통카드를 사용하자. 충전은 인터넷으로 할 수 있으며 가게에서도 쉽게 할 수 있다.
가끔 경찰들이 버스에 올라타 표를 검사할 때가 있으니 반드시 올바른 표를 구매해서 사용해야 한다. 만약 부정 승차 시 €50.00 이상의 벌금을 낼 수 있다.
· 충전식 교통카드 신청 사이트 : https://www.tallinja.com/en/register-now

02 택시

흰색의 깔끔한 승용차 위로 'Taxi'라는 익숙한 표시가 있거나 'Caps' 또는 'Cooq'이라고 표시된 것이 몰타의 택시다. 미터기가 따로 없기 때문에 탑승 전 목적지를 말하면 기사님께서 요금을 알려주신다. 외국인이라고 요금을 높게 받는 경우가 드물기 때문에 믿고 탈만하다. 택시를 타기 전 목적지를 말한 뒤 요금을 물어본 다음 만약 비싸다고 생각이 들면 원하는 가격을 꼭 말하자.

택시 회사를 이용할 경우 데스크에서 목적지와 탑승할 인원을 말하면 금액을 알려준다. 데스크에서 미리 요금을 지불하면 영수증같이 생긴 바우처를 주는데, 그 바우처를 배정받은 택시나 대기 중인 기사님께 드리면 목적지까지 편안하게 갈 수 있다. 택시 회사는 지역과 거리별로 정해진 요금이 있기 때문에 흥정은 불가하다.

몰타에도 스마트폰 어플리케이션으로 승객과 차량을 이어주는 플랫폼인 볼트(Bolt)가 있다. 자신의 위치와 목적지를 입력하면 예상 택비 비용과 이용 가능한 차량을 종류(크기)별로 보여준다. 택시가 연결되면 기사님 정보와 차량번호가 뜨니 안심하고 탈 수 있다. 일반 택시보다 가격이 저렴하다는 장점이 있지만 인터넷이 되는 환경에서만 사용할 수 있다는 단점이 있다.

공항에서 주요 지역 이동 시 가격

공항 - 슬리에마(Sliema) & 세인트줄리안(St. Julian's) & 발레타(Valletta) : €20.00
발레타 - 슬리에마 & 세인트줄리안 : €8.00-10.00
(공항 - 다른 지역까지 택시 요금 표 : http://gettinghere.maltairport.com/en/white-taxi.htm)

몰타의 대표 택시 회사 리스트

옐로우 캅스 (Yellow Cabs)

주소	YellowCabs Malta, Triq Concetta Borg Calleja, Qormi, Malta
전화번호	(+356) 2298 - 2298
홈페이지	http://yellowcabsmalta.com
Email	info@yellowcabsmalta.com

이 캅스 (eCABS)

주소	Elija Zammit Street, Paceville, St. Julian's, Malta
전화번호	(+356) 2138 - 3838
홈페이지	http://ecabs.com.mt
Email	info@ecabs.com.mt

시티투어버스 03

몰타를 돌아다니다 보면 심심치 않게 2층으로 된 시티투어버스를 볼 수 있다. 정해진 루트를 일정 시간 간격으로 운행하기 때문에 원하는 곳에서 내리고 다시 탈 수 있다. 코스는 회사마다 조금씩 다르지만 크게 남부투어와 북부투어로 나뉜다. 워낙 작은 나라인지라 2번의 시티투어버스로 굵직한 관광이 가능할 뿐만 아니라 버스 시스템이 좋지 않은 몰타에서 시티투어버스는 매력적인 교통수단이 될 수 있다. 단 투어 버스의 특성상 개인에 따라 스케줄이 빡빡할 수 있으며 운행 방향이 한쪽으로만 진행되고, 한국어 안내가 지원되지 않는다는 단점이 있으니 일정과 상황을 고려해서 선택하자. 시티투어 버스는 성인 기준 대략 20유로의 가격으로 이용할 수 있으며, 같은 회사에서 한 번의 투어 후 다음 투어를 신청한다면 영수증을 제시하자. 회사에 따라 두 번째 투어는 할인을 받을 수 있다.

몰타의 대표 시티투어 회사 리스트

몰타 관광 (Malta Sightseeing)

슬리에마 페리 선착장에서 탈 수 있는 시티투어버스로 30분마다 운행한다.

운영시간	월-금요일 : 09:00 ~ 15:00 l 일요일 : 09:00 ~ 14:00
요금	북부투어(North/Blue) l 남부투어(South/Red) l 야간투어(Malta by Night) € 20.00
주소	Supreme Travel Ltd, Kastellan Road, Zejtun, Malta
전화번호	(+356) 2169 - 4967
홈페이지	http://www.maltasightseeing.com
Email	info@maltasightseeing.com

시티 관광 (City Sightseeing Malta)

발레타 워터프론트(Valletta Waterfront)에서 탈 수 있는 시티투어버스.

운영시간	월-일요일 (시간표 참조) 매주 수요일은 휴무
요금	북부투어(North/Blue) l 남부투어(South/Red) € 20.00
주소	City SightSeeing Malta, Triq il-Kappella ta Santa Marija, Maghtab Naxxar, Malta
전화번호	(+356) 2010 - 2090
홈페이지	http://www.citysightseeing.com.mt
Email	info@citysightseeing.com.mt

페리 04

몰타의 자매 섬 고조로 가기 위해서는 커다란 페리를 이용해야 한다. 몰타의 페리 선착장 치케와(Cirkewwa)에서 고조 섬 임자르(Mgarr)까지는 약 20분 정도 소요되는데 특이한 점은 몰타에서 고조로 갈 때 요금을 지불하지 않고 고조에서 몰타로 오는 표만 구매해서 이용하면 된다. 만약 몰타 치케와 페리 터미널에서 표를 구입했다면 잘 보관해 두었다가 고조 섬을 나올 때 사용하면 된다.

다음으로 많이 이용하는 치케와 - 코미노 블루라군 페리는 매일 30분마다 한대씩 운행된다. 에메랄드빛 아름다운 바다가 펼쳐지는 코미노 블루라군은 한 개의 호텔과 성수기 시즌에만 운영되는 몇 개의 노점상을 제외하곤 아무린 편의시설이 없는 곳이라 겨울철에는 찾아가는 관광객이 없기 때문에 코미노 블루라군 행 페리는 5월 1일부터 10월 31일까지만 운행된다. 일부 사설 업체에서는 겨울철에도 페리를 운항하니 걱정하지 말자.

몰타 대표 페리 리스트

고조 채널 (Gozo Channel)

운행구간	몰타 치케와 - 고조 임자르
운행시간	거의 매시 운행 (좀 더 자세한 운행정보 : http://www.gozochannel.com/en/schedules.htm)
요금	어른 왕복 €4.65 l 자동차 동반 시 €15.70
전화번호	(+356) 2210 - 9000
홈페이지	http://www.gozochannel.com
Email	info@gozochannel.com

앱손스 코미노 페리 (Ebsons Comino Ferry)

운행구간	몰타 치케와 - 코미노 블루라군 - 고조 임자르 페리
운행시간	09.00시부터 30분 마다 (마지막 배 시간은 그날 데스크에서 확인)
운행일	5월 1일 ~ 10월 31일까지 (* 코미노는 겨울에 개방되지 않는 섬이다)
요금	왕복티켓 기준 어른 €13.00 l 어린이(만 2-10) €6.50
전화번호	(+356) 7920 - 4014
홈페이지	http://www.cominoferryservice.com
Email	info@cominoferryservice.com

발레타 - 슬리에마 / 발레타 - 쓰리시티즈 페리 (Valletta Ferry Serives)

운행구간	발레타 - 슬리에마 / 발레타 - 쓰리 시티즈
운행시간	하절기 : 07:00 ~ 00:45 까지 l 동절기 : 07:00 ~ 19:15 까지
요금	**어른** : 편도 €1.50 왕복 €2.80 l **어린이** : 편도 €0.50 왕복 €0.90
전화번호	(+356) 2346 - 3862
홈페이지	http://www.vallettaferryservices.com
Email	info@vallettaferryservices.com

렌터카로 10분이면 갈 수 있는 거리를 버스로는 둘러 둘러 40분이 넘게 걸리기도 하고, 수도와 주요 도시를 제외한 관광지역의 버스 배차간격이 긴 몰타. 운이 나쁘면 1시간 넘게 버스를 기다려야 할 때도 있는 몰타에서 렌터카는 분명 시간을 아낄 수 있는 좋은 교통수단이다. 하지만 개인적으로 추천하지 않는 몇 가지의 이유가 있다.

첫째. 영국의 지배를 오랫동안 받은 몰타는
영국과 마찬가지로 **운전 방향이 우리나라와는 반대**이다.
둘째. 도로 표지판이 부족하고 지명은 **몰타어로 표기된 것**이 많아 읽기가 힘들다.
셋째. 도로가 좁고 **주차공간이 충분하지 않다.**
넷째. **신호 시스템이 없고** 대부분 로터리 형식이라 사고 나기 쉽다.
다섯째. 밤이 되면 외곽지역에는 **가로등이 없어 운전 시 위험**하다.

그럼에도 불구하고 렌터카를 이용하겠다면 여행 전 한국에서 미리 국제 면허증을 발급받아와야 한다. 국제 면허증은 가까운 면허시험장 또는 경찰서에서 발급받을 수 있다. 렌트 비용은 회사와 차종에 따라 차이가 있지만 평균적으로 하루 €40.00-50.00 정도. 오토 차보다 매뉴얼 차가 보편적인 곳이기 때문에 렌트 전 오토가 가능한 차인지 반드시 확인해야 한다.
공항 1층에 다양한 렌터카 회사 부스들이 설치되어 있으니 마음에 드는 회사를 이용하면 된다. 공항 외 몰타 주요 도시인 발레타(Valletta), 슬리에마(Sliema), 세인트줄리앙(St. Julian's)에서도 렌터카를 이용 할 수 있다.

몰타에서 운전하기

1. 몰타에서 운전이 가능한 나이는 만 18세 이상.
2. 평균 제한 속도는 80km/h, 장소에 따라서 50km/h로 규정하고 있으니 속도를 잘 지키자.
3. 노란색으로 표시된 곳에는 주차가 불가능하다.
4. 전 좌석 안전벨트 착용이 의무.
5. 운전 중 휴대전화는 사용할 수 없으며, 핸즈프리 사용도 금지되어 있다.

몰타에서 주차하기

1. 흰색 선 : 24시간 무료 주차 공간.
2. 녹색 선 : 몰타 주민을 위한 주차 공간.

3. 파랑 선 : 08:00~18:00시까지 사용 가능한 주차 공간.

몰타 대표 렌터카 리스트

액티브 렌터카(Active Car Rental)

영업시간	(공항점) 월~일요일 08:30 ~ 21:00
주소	Active Car Rental Headquarters, N/S of Valletta Road, Luqa, Malta
전화번호	(+356) 2060 - 7444
홈페이지	http://www.active-car-hire.com
Email	info@maltarentacar.com

버젯 렌터카(Budget)

영업시간	(공항점) 월~일요일 24시간
주소	Budget car rental, Malta International Airport Arrivals Lounge, Luqa, Malta
전화번호	(+356) 2123 - 3668
홈페이지	http://www.budget.com
Email	info@budget.com.mt

허츠 렌터카(Hertz)

영업시간	(공항점) 월~일요일 24시간
주소	Hertz, Malta International Airport Arrivals Lounge, Luqa, Malta
전화번호	(+356) 2131 - 4636
홈페이지	https://www.hertz.co.kr
Email	res@hertz.com.mt

에이비스 렌터카(AVIS)

영업시간	(공항점) 월~일요일 24시간
주소	AVIS, Malta International Airport Arrivals Lounge, Luqa, Malta
전화번호	(+356) 2567 - 7110
홈페이지	http://www.avis.com
Email	info@avis.com.mt

STEP 04. 몰타,
사고 맛보고 즐기고 머물고

01 | 몰타 쇼핑 리스트

은 공예제품

몰타를 돌아다니다 보면 얇은 철사 모양의 은으로 귀걸이나 목걸이의 펜던트를 만드는 사람들을 볼 수 있다. 정교하게 만들어진 은 수공예품은 주로 몰타 십자가를 본떠 만든 것이기 때문에 선물용으로도 좋다. 가격은 대략 10유로부터 시작해 디자인과 크기에 따라 천차만별이다. 여러 개를 구입한다면 인심 좋은 몰타 사람들에게 가격을 흥정해보자.

레이스와 유리 수공예품

임디나에서 쉽게 볼 수 있는 레이스와 유리 공예품. 유리 공예품의 경우 무겁고 깨지기 쉬워 기념품으로 사는 것을 추천하지 않는다. 레이스의 경우 가볍고 깨지지 않는다는 장점이 있지만 손수 만든 작품이니만큼 가격이 비싸다는 단점도 있다. 장인이 한 땀 한 땀 만든 아름다운 레이스는 단순한 수공예품을 뛰어넘어 하나의 작품에 가깝기 때문에 가격은 비싸지만 소장할 가치는 충분하다.

몰타 꿀

'몰타 꿀벌(Maltese honey bee)'이 따로 있을 만큼 몰타의 또 다른 특산품 꿀! 꿀은 달콤해서 맛도 좋을 뿐만 아니라 다양한 미네랄과 비타민이 듬뿍 들어있어 몸에도 좋다. 몰타 꿀의 경우 점성이 묽고 많이 달지 않아 샐러드 드레싱이나 잼으로 먹기 좋다. 꿀은 다양한 크기와 모양의 병에 담겨 판매되니 취향과 목적에 맞게 구입하자. 꿀 이외에 꿀이나 벌침으로 만든 화장품, 바디 크림, 샴푸, 비누 등 다양한 제품들도 있으니 선물용으로도 안성맞춤이다.

플레이 모빌 성 요한 기사단 피규어

몰타 국제공항 근처에 플레이모빌 펀 파크(Playmobil Fun Park)가 있는데, 이곳에는 몰타에서만 판매하는 '성 요한 기사단' 피규어가 있다. 몰타 십자가가 새겨진 옷을 입은 귀엽고 앙증맞은 플레이모빌 캐릭터와 다양한 캐릭터들도 함께 있는 플레이모빌 펀 파크는 입장료가 무료이기 때문에 한 번쯤 구경해볼 만하다. '성 요한 기사단' 피규어는 플레이모빌 펀 파크뿐만 아니라 발레타에 있는 고고학 박물관 및 공항 내 기념품 가게와 같은 다른 매장에서도 구입할 수 있다.

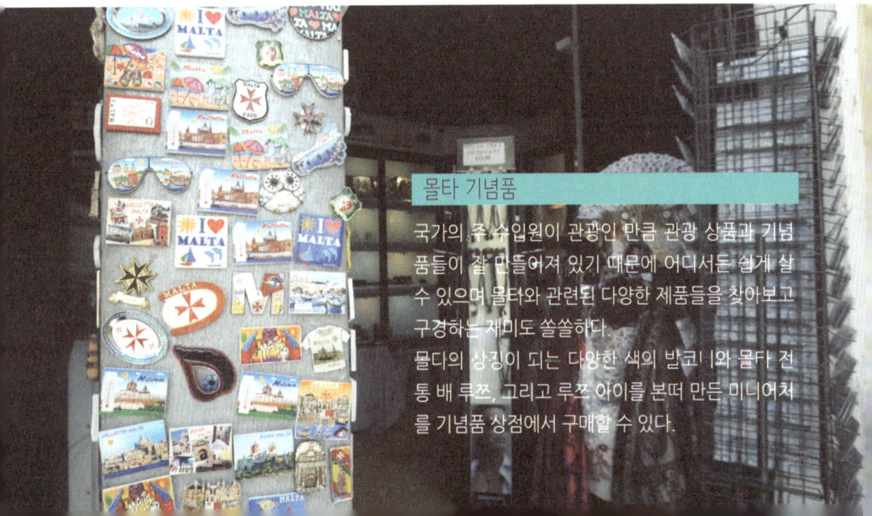

몰타 기념품

국가의 주 수입원이 관광인 만큼 관광 상품과 기념품들이 잘 만들어져 있기 때문에 어디서든 쉽게 살 수 있으며 몰타와 관련된 다양한 제품들을 찾아보고 구경하는 재미도 쏠쏠하다.
몰타의 상징이 되는 다양한 색의 발코니와 몰타 전통 배 루쯔, 그리고 루쯔 아이를 본떠 만든 미니어처를 기념품 상점에서 구매할 수 있다.

02 | 몰타에서 맛보기

페넥 (Fenek)

페넥은 토끼고기를 굽거나 튀긴 후 와인, 마늘, 향신료 등 다양한 재료를 넣어 만든 소스를 곁들여 먹는 몰타의 전통 음식이다.

토끼로 만든 요리가 몰타의 전통요리가 된 이유는 작은 섬나라인 몰타에서 다양하고 풍부한 식재료를 구하기 힘들었기 때문인데, 토끼의 경우 몸집이 작고 키우기가 쉬워 집집마다 키워 먹었다고 한다. 만약 토끼고기 특유의 향이 부담스럽다면 토끼로 만든 소시지나 다른 음식이 있으니, 몰타에 왔다면 놓치지 말고 먹어보자.

프리타 (Frita)

몰타의 전통 빵 프리타는 밀가루에 물과 소금, 효모를 넣은 다음 발효 후 화덕에 굽는 방식으로 만든다. 화덕에서 빵을 구우면 빵 안쪽에서부터 익는데, 안은 촉촉하고 겉은 바삭바삭하다. 특별할 것 없는 제조 방법이지만 몰타 전통 빵은 유난히 담백하고 맛있다. 그 비밀은 바로 물에 있다. 빵을 제조할 때 사용하는 몰타의 물은 바닷물을 정수해 만든 물이라 미네랄이 풍부하고 약간의 염분이 첨가되어 있어 몰타 빵이 가지는 특유의 맛을 만들어낸다. 프리타는 몰타 사람들이 아침에 즐겨먹는 빵으로 부담 없이 먹기 좋다.

누가 (Nougat)

설탕이나 꿀에 호두, 아몬드와 같은 견과류나 말린 과일을 섞어 만든 몰타의 전통 과자로 우리나라의 엿과 비슷하다. 누가는 크게 백색의 화이트 누가(White Nougat)와 갈색의 누가틴(Nougatine)이 있는데 흰색의 누가가 갈색보다 좀 더 부드럽고 쫀득한 식감을 가지고 있다. 몰타뿐만 아니라 유럽 전역에서 사랑받는 간식으로 섞는 재료에 따라 맛과 색깔이 달라져 종류가 다양하다.

파스티찌 (Pastizzi)

몰타 전통 페이스트리인 파스티찌는 만두처럼 페이스트리 안에 치즈나 으깬 완두 콩을 넣어 다이아몬드 모양으로 만든 빵으로 몰타 어디에서든 쉽게 살 수 있다. 가격도 1개당 30~50 센트 밖에 안 하니 한 번쯤은 먹어볼 만한 몰타 전통 빵이다. 바삭하고 고소한 빵 안에 짭짤한 리코타 치즈가 듬뿍 들어가 있는 것이 몰타 현지인들에게 인기가 많다. 닭고기와 채소를 넣어 만든 것도 있는데 커피와 함께 간단한 끼니로도 전혀 손색이 없다.

치스크 (Cisk)와 키니 (Kinnie)

몰타 국민 맥주 치스크와 탄산음료 키니. 몰타 현지인들이 즐겨 마시는 음료로 몰타 어디에서나 쉽게 구하고 맛볼 수 있다. 몰타에서 만들어진 맥주 치스크는 황금빛의 시원한 라거 계열의 맥주다. 알코올 도수 4.2%로 치스크 한 잔이면 한여름 타는듯한 갈증을 시원하게 해결해 준다. 치스크가 어른을 위한 음료라면 키니는 아이들을 위한 음료! 몰타의 콜라와 같은 탄산음료 키니는 우리에게 익숙한 콜라나 사이다와는 또 다른 색다른 맛이다. 오렌지 향에 약쑥 추출이 첨가된 키니는 달달함과 쌉쌀한 맛이 특징. 몰타 사람들 피엔 키니가 흐른다고 말 할 정도로 애용하는 음료이다. 사람에 따라 호불호가 갈리기도 하지만 몰타에 왔으니 한번 도전해보자.

03 몰타에서 놀기

몰타에서 즐길 거리

스쿠버 다이빙 (Scuba Diving)

몰타 정부에서 권장하고 있는 해양 스포츠로 몰타를 방문하는 사람들 중 약 10%가 스쿠버 다이빙을 목적으로 올 만큼 몰타에는 아름다운 다이빙 포인트가 많다. 이곳에서는 전문가가 아닌 일반 사람들도 스쿠버 다이빙을 쉽게 즐길 수 있는 프로그램과 교육과정이 잘 되어 있기 때문에 스쿠버 다이빙 경험이 전무한 사람이라도 문제없다. 단 모든 교육은 영어로 진행된다는 점을 유의할 것. 다이빙 가격은 시즌과 상점 별로 다르지만 2회 입수 기준 평균 €70~100 사이다.

다양한 해양 스포츠 (Marine Sports)

지중해 한가운데 있는 작은 섬나라인 만큼 다양한 해양 스포츠를 즐길 수 있다. 요트나 보트와 같은 개인용 배를 빌려 타거나 일정 인원들과 함께 즐기는 보트 파티도 있다. 해변에서는 바나나 보트, 수상스키, 카이트 서핑 등 다양한 해양 스포츠를 제공한다. 주로 모래 해변이 있는 곳에서 해양 스포츠를 즐길 수 있는데 몰타에서는 멜리에하 베이(Melieha bay)와 골든 베이(Golden bay)에서 다양한 스포츠를 경험할 수 있다.

트레킹과 클라이밍 (Trekking & Climbing)

아름다운 바다와 자연을 바라보며 걷는 것만으로도 힐링이 되는 몰타는 시내를 조금만 벗어나도 우리네 시골길 같은 한적한 도로가 많다. 제주도의 올레길을 떠올리게 하는 아름다운 몰타의 시골길은 돌로 쌓은 낮은 돌담과 멀리 보이는 푸른 바다만이 타박타박 걸어가는 행인의 길동무가 되어준다. 조용하고 아름다운 몰타의 길을 걸으며 체력도 키우고 무겁게 쌓여있는 마음도 깨끗이 비워보자. 곱고 깨끗한 몰타의 길을 걷고 있으면 진정한 힐링이 무엇인지 알 수 있다.

몰타의 축제

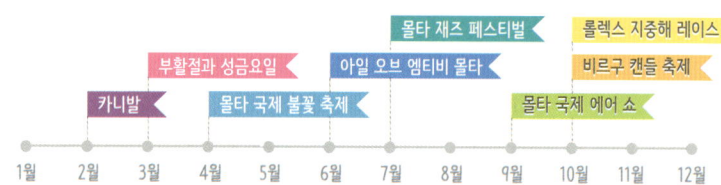

카니발 Carnival　　　　　　　　　　　　　　　　　　　　　　　　　2월

다양하고 화려한 분장을 한 사람들이 줄을 지어 몰타 도시 곳곳을 행차한다. 영화 캐릭터에서부터 전통의상까지 다양하고 독특하게 분장한 사람들은 남녀노소를 불문하고 한 곳에 모여 화려한 축제를 만든다. 즐거운 음악에 맞춰 신나게 축제를 즐기는 카니발은 몰타의 수도인 발레타를 포함하여 파쳐빌(Paceville), 고조의 나두르(Nadur)에서 진행된다. 각각의 도시마다 코스튬의 주제와 분위기가 달라지니 비교해 보는 것도 축제의 또 다른 재미가 될 것이다.

부활절과 성금요일 Easter & Good Friday　　　　　　　　　　　　　　3-4월

국민의 90% 이상이 가톨릭 신자이고 우리나라 강화도만한 작은 나라에 성당이 자그마치 360여 개가 넘는다고 하니 예수의 부활을 축하하는 부활절이 얼마나 성대할지는 지레짐작이 가능하다. 몰타에서 가장 성대하게 열리는 축제로 몰타 곳곳에서 십자가에 못 박힌 그리스도의 엄숙한 행렬을 볼 수 있다. 한 편의 뮤지컬을 보는 듯한 분장과 퍼레이드는 몰타에서 놓치면 안되는 축제 중 하나! 몰타 전 지역에서 볼 수 있는 축제이지만 메인으로 진행되는 도시가 있는데 해마다 메인 축제 도시는 달라지니 현지에서 확인하자.

4월 말

몰타 국제 불꽃 축제
Malta International Fireworks

2004년 5월 1일, 몰타가 유럽 연합(EU)에 가입된 것을 기념하기 위해 시작된 이벤트로 몰타 관광청이 주관하는 연례행사이다. 주로 전야제는 몰타의 어촌마을 마샤슬록에서 이루어지며 화려한 메인 불꽃은 수도 발레타에서 진행된다. 그랜드 하버에서 쏘아 올린 불꽃은 쓰리 시티즈를 배경으로 화려하게 하늘을 수놓는다. 지중해 바다 위에서 반짝이는 불꽃은 잔잔한 해수면에 반사되어 더욱 눈부시다. 세계 각국에서 참여한 작품으로 음악과 함께 어우러지는 몰타 국제 불꽃 축제는 여태 보았던 불꽃 중 가장 로맨틱하다.

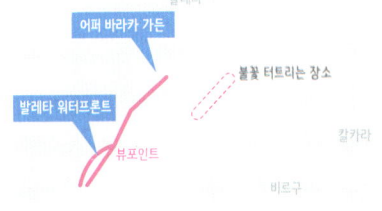

Tip
- 발레타
- 어퍼 바라카 가든
- 불꽃 터트리는 장소
- 발레타 워터프론트
- 뷰포인트
- 칼카라
- 비르구

전화번호	(+356) 2191 - 5440
홈페이지	www.maltafireworksfestival.com
Email	fireworks@visitmalta.com
위치	The Grand harbour, Valletta, Malta

6-7월

ISLE Of MTV Malta 아일 오브 엠티비 몰타

세계적인 팝 스타들과 5만 명의 팬들이 함께 만들어내는 뜨거운 무대 '아일 오브 엠티비 몰타'. 원래는 포르투갈, 프랑스, 스페인, 이탈리아 등 유럽 전역을 오가며 열렸던 콘서트지만 이제는 5년이 넘도록 몰타에서 진행되고 있다. 몰타의 공식적인 축제로 자리 잡은 엠티비 콘서트는 레이디 가가를 비롯하여 유명한 팝 스타들이 화려한 퍼포먼스로 멋진 공연을 보여준다. 놓쳐서는 안 될 몰타의 여름 축제로 뜨거운 열기로 여름밤을 불태워보자!

전화번호	(+356) 2123 - 5523
홈페이지	http://www.isleofmtv.com
Email	info@isleofmtv.com
공연 시간	18:00 ~ 23:30
위치	The Granaries, Floriana, Malta.

몰타 재즈 페스티벌 Malta Jazz Festival `7월`

부드러운 선율의 재즈가 한여름 밤의 낭만을 더한다. 몰타 재즈 페스티벌은 1990년부터 시작되어 지금까지 매년 이어지는 전통 있는 축제로 세계적인 뮤지션들이 참가하여 마법 같은 여름밤을 만든다. 티켓은 온라인과 현장에서 구매할 수 있지만 야외에서 진행되는 축제인 만큼 조금 떨어진 곳에서 무료로 관람할 수 있다. 지중해 바다를 옆에 두고 3일 동안 진행되는 재즈 페스티벌은 몰타를 방문한 사람들에게 로맨틱하고 사랑스러운 밤을 선물할 것이다.

전화번호   (+356) 2339 - 7000
홈페이지   http://www.maltajazzfestival.org
Email   info@maltajazzfestival.org
위치   Quarry Wharf, Valletta, Malta

몰타 국제 에어 쇼
Malta International Air Show `9월`

다양한 종류의 비행기와 화려한 에어 쇼를 관람할 수 있는 몰타 국제 에어 쇼는 파란 하늘이 눈부신 9월, 몰타 국제공항 근처에서 개최된다. 몰타에서 가장 큰 야외 이벤트로 창공을 가르며 멋진 기술로 하늘에 그림을 그리는 비행기들을 보면 감탄을 금치 못할 것이다. 화려하고 아름다운 비행기술은 물론이고 다양한 종류의 비행기를 가까이에서 볼 수 있어 아이들과 함께 즐기기 좋은 축제다. 햇볕이 강할 수 있으니 챙이 넓은 모자나 선글라스를 챙기는 센스를 발휘하자.

홈페이지   http://www.maltairshow.com
Email   info@maltairshow.com
위치   Hal Farrug Road Luqa, Malta
공연시간   토-일요일 10:00 ~ 17:30
요금   **어른** €13.00 (토요일) €15.00 (일요일) I **어린이** (만 14세 이하) Free

레이스 코스

10월 _____ Rolex Middle Sea Race 롤렉스 지중해 레이스

지중해 바다에서 펼쳐지는 최상급 요트 대회로 가장 아름답기도 하지만 가장 어려움이 많은 코스이기도 하다. 몰타에서 출발해 시계 반대 방향으로 이탈리아의 시칠리아(Sicily), 스트롬볼리(Stromboly), 판테렐라리아(Pantelleria) 등을 거쳐 다시 몰타로 돌아오는 코스로 대회 참가자들은 변화무쌍한 자연과 끊임없이 맞서야 한다. 단 1초의 기록 단축도 힘든 어려운 경주로 코스를 다 돌기까지 대략 이틀 정도의 시간이 소요된다. 10월에 몰타를 방문한다면 요트들이 동시다발적으로 출발할 때 만들어내는 장관을 놓치지 말고 꼭 보자.

전화번호 (+356) 2133 - 3109
홈페이지 http://www.rolexmiddlesearace.com
Email info@rmyc.org

10월   Birgu by Candlelight **비르구 캔들 축제**

쓰리 시티 중 빅토리오사로 알려진 비르구(Birgu)에서 열리는 캔들 축제로 정식 명칭은 '비르구 페스트(Birgu Fest)'이다. 지역의 작은 축제로 시작되었지만, 매년 방문객이 늘어나자 몰타의 정식 축제로 바뀌었다. 역사를 고스란히 품어 고풍스러운 빅토리오사의 거리를 은은하게 밝히는 초는 신비로움과 아름다움을 뽐내며 방문객을 매료시킨다. 3일 동안 로맨틱하게 거리를 밝히는 수천 개의 초는 선선해지는 가을밤의 정취를 더할 것이다.

전화번호   (+356) 2166 - 2166
홈페이지   http://www.birgu.gov.mt
Email   birgu.lc@gov.mt
위치   Birgu (Vittoriosa), Malta

매주 일요일   In Guardia Parade **인 구아디아 퍼레이드**

몰타의 군사를 책임지던 성 요한 기사단의 대 집행관이 요새와 수비대를 정기점검하던 모습을 재현한 역사적 이벤트이다. 요새 수비대 재현식에 참가하는 사람들은 화려한 의상을 갖춰 입고 당시 행해졌던 군사 훈련을 재현했다. 일사불란한 군인들의 행동과 대포는 실제를 방불케 할 만큼 긴장감을 조성한다. 11시에 시작하여 45분간 진행되는 인 구아디아는 매주 일요일 발레타에서 감상할 수 있으며, 야외에서 진행되는 퍼레이드인 만큼 날씨에 따라 일정이 취소될 수 있다.

전화번호   (+356) 2295 - 4000
홈페이지   http://www.visitmalta.com/en/in-guardia
Email   info@visitmalta.com
공연시간   일요일 11:00 ~ 11:45
위치   Fort St Elmo, Valletta, Malta
요금   **어른** € 7.00
        어린이 (만 6-16) € 3.00
        영유아 (만 0-5) Free

04 | 몰타에서 머물기

몰타는 우리나라의 제주도처럼 유럽인들이 사랑하는 신혼여행지이자 휴양지이기 때문에 몰타 곳곳에 5성급 호텔에서부터 게스트하우스까지 다양한 숙소가 있다. 다만 신혼여행으로 몰타를 찾는 관광객이 많은 만큼 호텔을 찾는 사람들이 많아 상대적으로 호스텔이 적은 편이다. 숙소는 수도인 발레타(Valletta)보다는 레스토랑과 상점이 많은 슬리에마(Sliema)나 세인트 줄리앙(St. Julian's)에 잡는 것이 좋다. 발레타의 경우 관공서나 사무실이 많기 때문에 퇴근시간인 6시 이후로는 사람이 빠져나가 조용해지고 어두워지기 때문이다. 지금부터 취향 따라 골라가는 몰타의 숙소를 살펴보자.

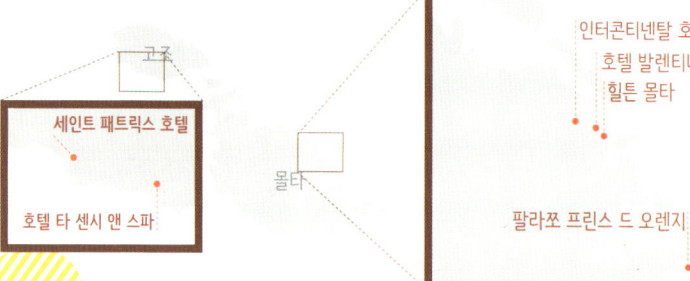

몰타

팔라쪼 프린스 도랑쥬 Palazzo Prince d'Orange

발레타에 위치한 매력적인 B&B 형식의 고급 아파트로 13세기에 지어진 고풍스러운 건물은 발레타의 아름다운 풍경을 고스란히 담고 있다. 엘리베이터가 있으며 각 층마다 고급스럽게 꾸며진 아파트 형 호텔로 호화스러운 객실은 머무는 사람의 품격까지 높여주는 듯하다. 부엌이 있어 따로 요리를 할 수 있기 때문에 가족단위 여행객에게 추천하는 숙소다. 객실 손님을 위한 응접실과 서재가 따로 있고 옥상에는 조식을 제공하는 부엌과 테라스가 마련되어 있다.

숙소형태	B&B 형식의 고급 아파트
주소	Palazzo Prince D'Orange, 316 St. Paul s street, Valletta, Malta
전화번호	(+356) 9955 - 8882
홈페이지	http://www.palazzoprincemalta.com
Email	reservations@palazzoprincemalta.com
편의시설	헬스장, 사우나, 마사지, 테라스, 조식 식당

몰타

인터콘티넨탈 호텔 InterContinetal Matla

시내 중심가에 위치해 있어 어떤 교통수단을 이용하든지 찾아가기가 쉽다. 깔끔하고 모던한 실내와 친절한 직원들로 만족도가 높은 호텔로 특히 호텔 숙박객이라면 누구든 사용할 수 있는 수영장이 인기다. 넉넉하게 준비되어있는 선베드와 시원한 음료 및 주류, 간단한 식사를 파는 식당도 함께 있어 굳이 밖으로 나가지 않아도 놀고 쉬기에 좋은 곳으로 선베드에 누워 따뜻한 햇살을 맞아보자. 노곤노곤해지는 기분 탓에 나도 모르게 잠이 스르륵 들 것이다.

숙소형태	5성급 호텔
주소	InterContinental Malta, St George`s Bay, Malta
전화번호	(+356) 2137 - 7600
홈페이지	http://www.intercontinental.com
Email	malta@ihg.com
편의시설	헬스장, 수영장, 사우나, 마사지, 레스토랑, 정원

몰타

힐튼 몰타 Hilton Hotel Malta

몰타에서 아름다운 뷰를 가진 호텔 중 하나인 힐튼은 요트가 정박된 작은 만인 '포토마소(Prtomaso)'와 지중해 해안이 한눈에 보이는 곳에 위치해있다. 지중해 바로 옆, 넓고 다양한 야외 수영장을 가지고 있고 럭셔리한 시설이 완비되어 있어 신혼여행이나 가족끼리 여행 온 사람들이 선호하는 곳이다. 해가 질 때는 보석같이 아름다운 지중해가 반짝이는 황홀한 광경을 볼 수 있다. 몰타에 많은 호텔이 들어서기 전부터 있었던 힐튼 호텔은 시설은 조금 낡았지만 최고의 서비스를 제공한다.

숙소형태	5성급 호텔
주소	Hilton Malta Hotel, Portomaso St. Julian's, Malta
전화번호	(+356) 2138 - 3383
홈페이지	http://www.hiltonmaltahotel.com
Email	reservations.malta@hilton.com
편의시설	헬스장, 수영장, 사우나, 마사지, 레스토랑, 카지노, 스쿼시 코트, 해양 스포츠

몰타
호텔 발렌티나 몰타 Hotel Valentina Malta

시내 중심에 위치한 호텔로 최근 리노베이션 되어 깔끔하다. 심플하고 모던한 내부 인테리어로 젊은 사람들이 주로 찾는다. 클럽이 즐비한 파쳐빌에 있지만 조용하고 깨끗한 시설을 자랑하는 곳으로 직원 또한 친절해 숙박을 한 사람들의 만족도가 높다. 다만 시내에 위치하고 있기 때문에 전경은 다른 호텔에 비하면 떨어지는 편. 커플이나 친구들끼리 여행 갔을 때 지내기 좋다.

숙소형태	3성급 호텔
주소	Dobbie Street, Paceville, St. Julian's, Malta.
전화번호	(+356) 2138 - 2232
홈페이지	https://www.hotelvalentina.com
Email	reservations@hotelvalentina.com
편의시설	실내 수영장, 레스토랑, 바, 도서관

몰타
트로피카나 호텔 Tropicana Hotel

위치와 가격, 두 가지 토끼를 잡을 수 있는 합리적인 호텔로 최고급 호텔처럼 좋은 시설과 서비스를 제공하지 않지만 주머니 사정이 가벼운 여행자에겐 놓치기 아까운 숙소다. 몰타에서 가장 화려한 밤을 가진 파쳐빌의 중심에 있기 때문에 다양한 레스토랑과 바, 카페가 근처에 즐비하다. 호텔 아래에 위치한 레스토랑은 현지인과 여행객 사이에서도 유명한 곳으로 늘 사람들로 북적거린다. 낡고 시끄럽다는 단점이 있지만 최상의 위치와 저렴한 가격 덕분에 용서가 되는 곳.

숙소형태	호스텔
주소	Tropicana Hotel, Ball Street, Paceville, Malta
전화번호	(+356) 2135 - 9694
홈페이지	http://www.tropicana.com.mt
Email	reception@tropicana.com.mt
편의시설	레스토랑

고조
호텔 타 센시 앤 스파 Hotel Ta' Cenc & Spa

휴양과 관광을 하기 좋은 한적한 고조 섬에서 산낸트(Sannat) 전원 지역에 위치한 호텔로 편안하고 조용한 휴식이 필요한 사람들에게 추천한다. 라임스톤으로 지어진 건물이지만 깨끗하게 유지된 건물과 모던한 인테리어가 고급스럽다. 특히 아름답게 꾸며진 야외 정원이 있어 결혼식을 하려는 몰타 사람과 유럽 사람이 찾는 곳이기도 하다. 스파도 함께 운영되고 있는 곳이라 몸과 마음이 쉴 수 있는 공간으로 여유로운 여름휴가를 지내기에 완벽한 숙소이다.

숙소형태	5성급
주소	Hotel Ta' Cenc & Spa, Cenc Street, Sannat, Gozo-Malta
전화번호	(+356) 2219 - 1000
홈페이지	http://www.tacenc.com
Email	info@tacenchotel.com
편의시설	헬스장, 사우나, 수영장, 마사지, 스파, 바

고조
세인트 패트릭스 호텔 St. Patrick's Hotel

작고 아름다운 해안도시 슬렌디(Xlendi)에 있다. 편안하고 아늑하면서도 독특한 분위기의 객실이 특징으로 호텔 바로 앞에 해수욕장이 있고, 옥상에는 작은 수영장이 있다. 옥상에서 내려다보는 슬렌디의 아름다운 풍경은 덤. 슬렌디 해안과 아주 가까이 있어 마치 바다 위에 발코니가 있는 것 같다. 주변에 소문난 레스토랑도 많아 맛있는 지중해 음식과 해산물 요리를 즐길 수 있다.

숙소형태	4성급
주소	St. Patrick's Hotel, Pjazza Amphora, Xlendi, Gozo-Malta
전화번호	(+356) 2156 - 2951
홈페이지	http://stpatrickshotel.com
Email	info@stpatrickshotel.com
편의시설	레스토랑, 수영장, 해양 스포츠

STEP 05. 몰타 여행 코스

몰타는 작은 나라니까 볼 게 없다? 혹시 잠깐이라도 이런 생각을 했다면 아주 큰 오산이다. 비록 몰타의 크기가 작을지 몰라도 아름답고 눈부신 자연뿐만 아니라 단위 면적당 가장 많은 문화유산을 가진 곳으로, 다양하고 풍부한 볼거리로 가득하기 때문이다. 그렇기 때문에 몰타 관광청에서 추천하는 여행 일정은 최소 4박 5일! 적어도 5일은 있어야지 몰타의 큰 관광지는 둘러볼 수 있다는 이야기며, 넉넉히 일주일은 머물러야지만 몰타의 매력을 제대로 느낄 수 있다는 말이기도 하다.

몰타를 여행하기 가장 좋은 계절은 여름으로 성수기 시즌인 7월과 8월에 가장 많은 사람이 찾아온다. 뜨거운 태양과 푸른 바다가 만들어내는 환상의 섬 몰타에서 휴양을 즐기고 싶다면 한여름 추천! 그러나 연중 온화한 지중해성 기후인 몰타에선 1년 365일이 여행하기 좋은 날이다.

몰타 2박 3일 추천 코스

1 Day

공항도착 및 숙소 체크인 10:00 → 성요한 대성당 13:00 → 몰타 기사단장 궁전 14:30 → 마노엘 극장 16:00 → 로어 바라카 가든 & 추모의 종 17:30 → 어퍼 바라카 가든 18:30 → 발레타 내 레스토랑에서 저녁식사 19:30 → 호텔 투숙 21:00

2 Day

조식 후 고조섬 08:00 → 고조 도착 10:00 → 빅토리아 요새 10:30 → 점심 12:30 → 아주르 윈도우 블루 홀 14:00 → 타 피누성당 천일염전 15:00 → 코미노섬 블루라곤 16:00 → 몰타섬 18:00 → 슬리에마에서 저녁 19:00 → 호텔 투숙 22:00

3 Day

숙소 체크아웃 09:00 → 슬리에마 다운타운 10:00 → 더 포인트 쇼핑몰 11:00 → 공항

몰타 4박 5일 추천 코스

1 Day

- 공항도착 및 숙소 체크인 10:00
- 성요한 대성당 13:00
- 몰타 기사단장 궁전 14:30
- 마노엘 극장 16:00
- 로어 바라카 가든 & 추모의 종 17:30
- 어퍼 바라카 가든 18:30
- 발레타 내 레스토랑에서 저녁식사 19:30
- 호텔 투숙 21:00

2 Day

- 조식 후 고조섬 08:00
- 고조 도착 10:00
- 빅토리아 요새 10:30
- 점심 12:30
- 아주르 윈도우 블루 홀 14:00
- 타 피누성당 천일염전 15:00
- 코미노섬 블루라곤 16:00
- 몰타섬 18:00
- 슬리에마에서 저녁 19:00
- 호텔 투숙 22:00

3 Day

- 조식 후 일정 09:00
- 마샤슬록 10:30
- 점심 12:00
- 블루 그라토 & 보트투어 14:00
- 하자르임 신전 16:00
- 세인트 줄리안 이동 및 저녁 18:00
- 파체빌 클럽문화 즐기기 20:00
- 호텔 투숙

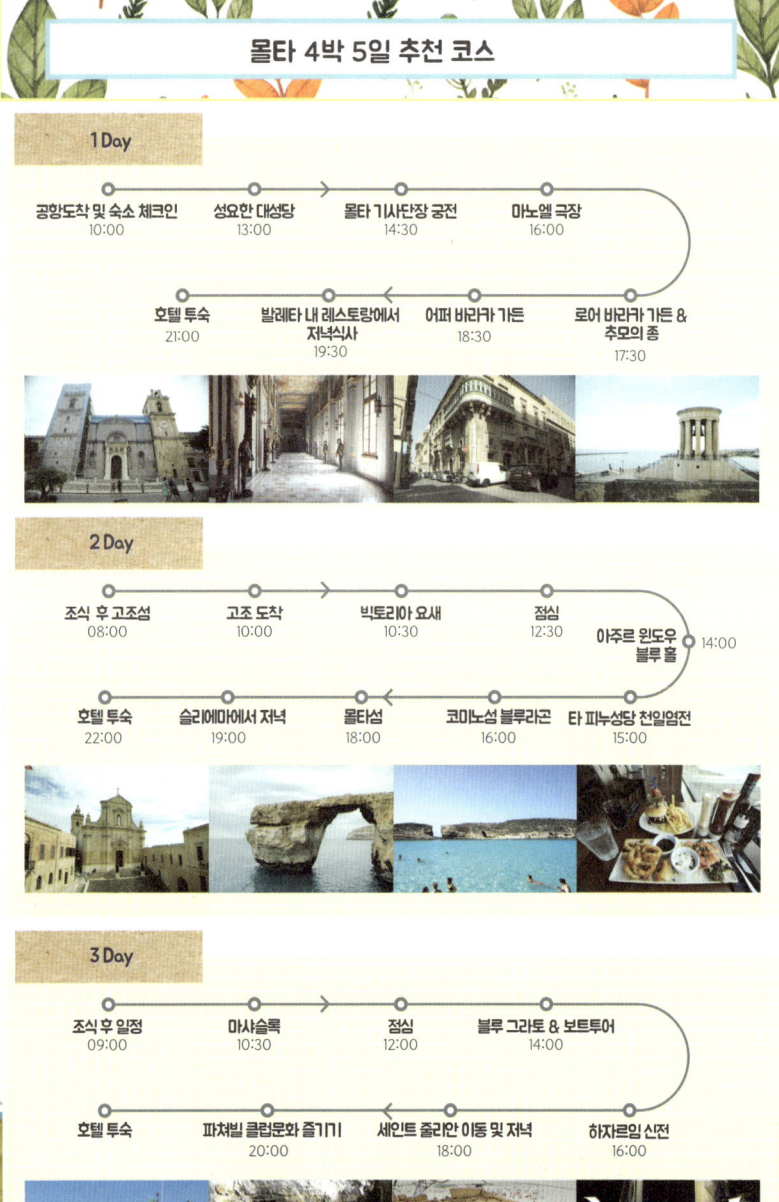

4 Day

조식 후 일정 09:00 → 임디나 & 라밧 자유일정 10:30 → 부지바 12:00 → 클래식 카 박물관 14:00 → 몰타 아쿠아리움 16:00 → Cafe del mar 휴식 및 저녁 18:00 → 호텔 투숙 21:00

5 Day

숙소 체크아웃 09:00 → 슬리에마 다운타운 10:30 → 더 포인트 쇼핑몰 11:00 → 공항

연중 온화한 지중해성
기후라 몰타는 365일
여행하기 좋은 날~♪

몰타에 빠져들기 Part 2

01	몰타 섬 볼거리
02	고조 섬 볼거리
03	코미노 섬 볼거리

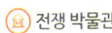 전쟁 박물관

67p
추모의 종
바라카 가든

발레타 주요 관광 지도 VALLETTA

STEP 01. 몰타 섬 볼거리

01 도시 전체가 유네스코 세계 문화유산으로 지정된 몰타의 수도
'발레타 (Valletta)'

'지중해의 숨은 진주'라고 불릴 만큼 몰타의 아름다운 수도 발레타는 상앗빛의 라임스톤으로 지어진 건물에 색색의 발코니가 매력을 더한다. 좁은 건물들 사이로 곧게 뻗어있는 길, 그 아래로 푸르게 반짝이는 지중해가 선사하는 풍경은 이국적인 아름다움으로 가득하다. 몰타는 유럽에 속해있지만 다른 유럽과는 확연히 다른 매력을 지니고 있는 나라이다.
발레타는 오스만 투르크군의 침략에 대비해 만든 요새도시로 1565년 몰타 기사단에 의해 건설된 유럽 최초의 계획도시이자 전쟁 목적의 도시이다. 계획도시답게 바둑판 형식으로

유네스코 세계 문화유산의 도시 VALLETTA

잘 나누어진 구획은 적의 침입 시 적군을 한눈에 볼 수 있도록 설계되어 있다. 발레타의 명칭은 당시 몰타 기사단의 수장인 장 파리조 드 라 발레타(Jean Parisot de la Valette)의 이름에서 유래되었다.

중세 시대 모습을 그대로 간직한 발레타는 1980년 도시 전체가 유네스코 세계문화유산으로 지정되었기 때문에 건물을 마음대로 부수거나 새로 지을 수 없다. 현재 발레타의 건물들은 16-19세기에 지어진 그때의 그대로, 마치 시간이 멈춘 것처럼 그 자리를 지키고 있는 것 이다. 마치 시간여행이라도 한 듯 이국적인 풍경을 선물해주는 발레타에 와 있다면, 그곳이 어디든 간에 당신은 문화유산 속에 들어와 있는 것이다.

몰타의 매력을 더해줄 색색의 발코니 Maltese Balcony

발레타에 들어서면 가장 먼저 들어오는 풍경은 바로 투박한 건물 중턱에 자리 잡은 색색의 발코니다. 좁다란 길 양옆으로 늘어선 건물과 그 위를 빼곡히 채우고 있는 다양한 색깔의 발코니는 여행자의 눈과 마음을 사로잡기에 충분하다. 단조로운 석회암을 수놓는 전통적인 몰타 발코니는 몰타에서만 볼 수 있는 독특하고 아름다운 경관을 만든다.

몰타의 발코니는 크게 라임스톤과 철로 만들어진 개방형과 목조로 만들어진 폐쇄형으로 나뉘는데, 색색들이 칠해진 목조 발코니가 더 전형적이다. 비와 바람으로부터 목조를 보호하기 위해 페인트 칠 한 것을 시작으로 다양한 색깔의 발코니가 몰타의 라임스톤을 수놓게 되었다.

다채로운 색상으로 사람들의 눈을 즐겁게 하는 몰타 발코니를 자세히 들여다보면 비슷한 듯하지만 각기 다른 모양을 하고 있다. 특히 발코니를 받치고 있는 부분을 보면 다양한 조각이나 무늬로 섬세하게 장식되어 있는데, 집집마다 다른 색의 발코니와 다른 모양의 장식을 찾는 재미도 있다. 몰타의 발코니는 그 자체만으로도 매력적이고 아름답지만 나무와 꽃과 함께 어우러져 놀라운 경관을 만들기도 한다. 특히 중세 시대의 느낌을 고스란히 품고 있는 임디나(Mdina)로 가면 덩굴나무가 벽을 타고 올라가 발코니에 멋지게 드리운 모습을 볼 수 있다.

몰타 발코니의 역사에 대해서는 다양한 의견이 있지만 어디서 시작된 역사인지는 명확하지 않다. 몰타는 페니키아, 레바논, 아랍, 로마, 스페인, 프랑스, 영국 등 많은 나라로부터 침략을 받았고 문화 역시 침략국의 영향을 받아 그 기원을 찾는 것이 어렵다.

트리톤 분수 The Tritons' Fountain

발레타 초입 부분을 지키고 있는 웅장한 분수다. 청동으로 만들어진 이 분수는 그리스 신화에 등장하는 바다의 신 트리톤을 형상화 했다. 포세이돈의 아들로 알려져 있는 트리톤은 주로 포세이돈의 전령 노릇을 하였다. 상반신은 인간이고 하반신은 물고기인 전형적인 인어의 모습으로 묘사되며 종종 한 명의 신이 아니라 무리로 기술되기도 한다.

몰타와 바다의 밀접한 관계를 상징적으로 나타낸 이 분수는 1952년부터 1959년 사이에 처음 제작 되었다. 1980년대 분수대가 회손되어 복원되었지만 추후 2017년에 재 복원되어 2018년 1월에 다시 탄생하였다. 특이한 점은 발레타의 시티 게이트(City gate)에서 분수를 바라보면 조각 상 3명의 얼굴을 다 볼 수 있다.

주소   Vjal Nelson, Il-Belt Valletta, Malta

성 요한 대성당 St. John's Co-Cathedral

몰타에서 가장 인상적인 성당으로 16세기 말 성 요한을 위해 몰타 기사단이 만든 성당이다. 초창기에는 단조로운 실내 모양이었으나 17세기 바로크 양식이 들어오면서 성당 내부를 화려한 조각과 장식으로 바꿨다. 투박한 성당의 외관과는 달리 내부는 화려함의 극치를 보여주는데, 황금으로 꾸며진 성 요한 대성당은 '초기 바로크의 보석'이라고도 불린다.

성당 내부에는 총 8개의 예배당이 있다. 각각의 방은 몰타 기사단을 이루는 8개 나라(아라곤, 프로방스, 이탈리아, 영국, 카스티야, 프랑스, 바바리아, 오

베르뉴)의 수호성인을 위한 예배당이며 바닥을 장식한 대리석 아래에는 몰타를 수호한 약 400명의 기사들이 잠들어 있다. 대리석에는 기사들의 업적과 일생을 재현한 모자이크 장식이 그려져 있는데 그 모양은 누가 잠들어있는지에 따라 각각 다르다. 화려하게 장식되어 있는 대리석은 채색 된 것이 아니라, 각각 다른 모양과 색깔의 대리석을 정교하게 끼워 맞춰 만들어졌다. 아치형 천장에는 성 요한의 일생이 그려져 있으며 성당 곳곳에는 화려한 조각과 장식으로 사람들의 눈을 사로잡는다. 성당 지하에는 몰타 기사단장인 라 발레트를 포함한 12명의 기사단장의 묘지가 있다.

성 요한 대성당이 유명한 이유는 황금으로 꾸며진 화려한 내부도 있겠지만 이탈리아 초기 바로크 시대의 대표적 화가 카라바조의 그림이 있기 때문이다. 특히 빛의 명암 대비를 예술적으로 표현한 〈세례자 요한의 참수〉는 몰타에 왔다면 꼭 봐야 할 작품이다. 이 그림은 카라바조가 서명을 남긴 유일한 작품으로 일부 여행객들 중에는 성 요한 대성당에 있는 카라바조의 작품을 보기 위해서 몰타에 오기도 한다.

종교적인 장소인 만큼 민소매나 짧은 옷을 입거나 하이힐은 신고 들어갈 수 없다. 입장권에는 오디오 가이드가 포함되어 있으나 한국어는 지원하지 않는다.

주소	St. John's Co-Cathedral, St. John Street, Valletta, Malta
전화번호	(+356) 2122 - 0536
홈페이지	http://stjohnscocathedral.com
입장시간	**월-금요일** 09:30~16:30 l **토요일** 09:30~12:30 (마감 30분 전 입장가능)
휴관일	매주 일요일, 국가 공휴일
요금	**어른** €10.00 l **경로** €7.50 l **학생** €7.50 l **어린이** (만 12세 이하) Free

몰타 기사단장 궁전 Palace of the Grand Masters

성 요한 대성당에서 5분 남짓한 거리에 있는 몰타 기사단 궁전은 유럽에서 가장 오래된 기사단인 성 요한 기사단의 본부로 1547년에 지어졌다. 성 요한 기사장의 주거지로 사용되다가 1964년 몰타가 영국으로부터 주권을 회복하고 몰타 의회로 사용되기도 했다. 이후 의회는 다른 건물로 이전하였고 지금은 기사단의 역사를 전시한 박물관과 몰타 대통령의 공식 집무실로 사용되고 있다.

기사단장 궁전은 총 5개의 방을 일반인들에게 공개하고 있으며 궁전 아래층에 있는 무기고도 함께 관람할 수 있다. 무기고는 당시 마구간으로 사용되었던 곳으로, 기사들이 죽으면 그들이 사용했던 무기와 갑옷을 보관했던 장소이기도 하다. 건물 내부로 들어서면 기사 단장들의 초상화와 앤티크한 가구들을 볼 수 있으며, 복도 양옆으로 늘어선 기사단의 갑옷을 입은 동상들이 일렬로 서 있어 중세의 분위기를 한껏 누릴 수 있는 곳이다. 특이한 점은 몰타 기사단의 갑옷들이 출신 나라별로 다른 모양을 하고 있다는 것인데, 기사들은 같은 목적으로 연합하였지만 자신들의 전통을 잃지 않고 고스란히 지키며 함께 싸웠다고 한다. 다시 말해 몰타를 여행한다는 것은, 유럽 8개국의 중세를 함축적으로 구경하는 것이라 할 수 있다.

주소	Palace of the grand masters, Republic Street, Valletta, Malta
전화번호	(+356) 2124 - 9349
홈페이지	http://heritagemalta.org/museums-sites/the-palace-state-rooms
입장시간	**월-금요일** 10:00 ~ 16:30	**토·일요일** 09:00 ~ 16:30 (마감 30분 전 입장가능)
휴관일	12/24, 12/25, 1/1, 성금유일, 대통령 긴급상황
요금	**어른** (만 18-59) € 10.00	**청소년** (만 12-17), **경로** (만 59세 이상), **학생** € 7.00 **어린이** (만 6-11) € 5.00	**유아** (만 1-5) Free

Upper Barakka Garden
어퍼 바라카 가든

원래 이탈리아 출신 기사의 사유 정원이었던 어퍼 바라카 가든은 1년 내내 꽃과 나무를 볼 수 있는 발레타의 아름다운 정원이다. 발레타에서 가장 높은 곳에 위치한 곳이라 빼어난 전경을 자랑할 뿐만 아니라 반대편에 있는 쓰리 시티즈(Three cities)의 전경을 한눈에 볼 수 있다. 발레타를 향해 뻗어있는 쓰리 시티즈 덕분에 발레타에서 가장 유명한 뷰 포인트를 가진 정원으로 코발트블루 잉크를 뿌려놓은 듯한 푸른 지중해를 바라볼 수 있는 곳이다.

주소	Battery Street, Valletta, Malta
전화번호	(+356) 2123 - 7747
입장시간	월-일요일 07:00 ~ 22:00
요금	Free

로어 바라카 가든

어퍼 바라카 가든과 함께 발레타에 있는 작지만 아름다운 공원이다. 해안에 위치한 로어 바라카 가든은 그랜드 하버가 내려다 보이는 곳에 위치해 있다. 공원 안에는 1565년 몰타 전쟁을 추모하는 안토니오 시오티노의 조각상이 있는데, 이 조각상은 군대 인물들을 묘사하고 있으며 전투 날짜가 로마 숫자로 새겨져 있다. 어퍼 바라카에 비해 작고 덜 알려진 공원이라 사람이 많지 않아 휴식을 취하기에 좋은 곳이다. 이곳에 올라오면 반대편에 위치한 추모의 종을 한눈에 감상할 수 있다.

주소	Lower Barakka Gardens, Valletta, Malta
전화번호	(+356) 2123 - 7747
입장시간	월-일요일 07:00 ~ 22:00
요금	Free

추모의 종

로어 바라카 가든 바로 맞은편에 위치한 추모의 종은 2차 세계대전 때 희생된 7000여 명의 군인과 시민들을 위해 1992년에 세워졌다. 추모의 종은 매일 정오에 울린다. 추모의 종 앞에 올라서면 누워있는 청동상을 볼 수 있는데 희생된 이들의 편안한 안식을 기원하기 위해 만들어졌다. 이곳에 올라서면 끝을 모르고 펼쳐진 푸른 바다를 한눈에 바라볼 수 있다.

주소	Xatt il Barriera, Valletta, Malta
입장시간	제한 없음
요금	Free

라스카리스 전쟁 박물관 Lascaris War Rooms 지키기 위해

1940년대 초반, 2차 세계대전 당시 이탈리아 공군의 공습에 대비해 만든 복잡한 터널의 지하 요새가 있는 곳이다. 이곳은 전쟁 당시 방공뿐만 아니라 지중해에서 벌어지는 해전까지 복합적으로 몰타를 지키기 위해 사용되었다. 이곳에는 당시 사용했던 군복을 비롯하여 군사기기와 용품 등이 전시되어있으며, 2차 세계대전 당시 몰타가 유럽 내에서 어떠한 역할을 하였는지 잘 보여준다.

주소	Lascaris Ditch, Valletta, Malta
전화번호	(+356) 2180 - 0992
홈페이지	http://www.lascariswarrooms.com
입장시간	**월-일요일** 10:00~17:00 (마지막 입장 16:30)
휴관일	1/1, 성금요일, 부활절, 8/15, 12/24, 12/25, 12/31
요금	**어른 (만 16세이상)** €12.00 ǀ **경로/학생** €10.00 ǀ **어린이** (만 16세 이하) €5.00 ǀ **가족** (어른 2명 + 어린이 3명) €25.00

국립 고고학 박물관 National Museum of Archaeology

국립 고고학 박물관은 몰타의 긴 역사를 시대별로 잘 보여주는 곳이다. 정교하게 장식된 바로크 양식의 박물관은 원래 기사단의 저택으로 쓰였으나 지금은 기원전 5200년 전부터 총 2500여 년에 걸친 몰타 신석기 시대의 유물들을 전시하고 있다. 그중에서도 다산의 신으로 추정되는 '뚱

뚱한 여인상'과 풍만한 가슴을 강조한 몰타의 비너스 '잠자는 여인상'을 이곳에서 볼 수 있다. 신석기 시대에 만들어졌다곤 믿어지지 않을 만큼 섬세하게 조각된 여인상은 몰타 정부에서 외국으로 절대 내보내지 않기 때문에 오직 몰타에서만 볼 수 있다고 한다.

주소	Republic Street ǀ Auberge de Provcence, Valletta, Malta
전화번호	(+356) 2122 - 1623
홈페이지	http://heritagemalta.org/museums-sites/national-museum-of-archaeology
입장시간	**1-9월 : 월-일요일** 09:00 ~17:00 (마감 30분 전 입장가능) **10-12월 : 월-일요일** 09:00 ~18:00 (마감 30분 전 입장가능)
휴관일	1/1, 성금요일, 12/24, 12/25, 12/31
요금	**어른**(만18-59) € 5.00 ǀ **청소년** (만12-17), **경로** (만59세 이상), **학생** € 3.50 **어린이** (만6-11) € 2.50 ǀ **유아** (만1-5) Free

까사 로카 피콜라
Casa Rocca Piccola

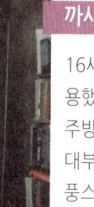

16세기에 지어진 귀족의 집으로 당시 사용했던 고급 가구와 침실 및 서재 그리고 주방과 식기 등이 그대로 전시되어 있다. 대부분 이탈리아와 영국에서 들여온 고풍스러운 가구들이 가득하고 50개가 넘는 방이 있는 대저택은 화려했던 귀족 생활을 조금이나마 엿볼 수 있는 곳이다. 지하는 원래 물을 보관했던 장소였으나 2차 세계대전 때는 몸을 피할 수 있는 대피소로 사용한 공간이 있다.

지금도 개인 소유의 저택으로 이용되고 있는 곳으로, 오전 10시부터 오후 4시까지 정시마다 가이드가 함께 저택을 둘러보며 각각의 방의 용도와 가구에 대해 설명해주는 가이드 투어 서비스를 제공하나 한국어는 지원되지 않는다.

주소	74 Triq Repubblika, Valletta, Malta	입장시간	월-토요일 10:00 ~ 17:00
전화번호	(+356) 2122 - 1499	휴관일	매주 일요일, 국가 공휴일
홈페이지	http://www.casaroccapiccola.com	요금	**어른** € 9.00 ǀ **학생** € 5.00
Email	enquiries@casaroccapiccola.com		**어린이** (만 14세 이하) Free

마노엘 극장 Manoel Theatre

유럽에서 가장 오래된 극장 중 하나인 마노엘 극장은 18세기에 지어진 건물로 초기 바로크 시대의 화려한 예술을 잘 보여주는 건물이다. 1731년 기사단장이던 안토니오 마노엘 데 빌헤나(Antonio Manoel de Vilhena)가 공공기금과 개인 사비를 털어 만든 극장으로 건물 안으로 들어서면 영화에서만 보았던 아름답고 고풍스러운 극장에 시선을 빼앗긴다. 마치 영화 촬영장처럼 꾸며진 마노엘 극장에는 지금도 다양한 연극과 오페라, 뮤지컬 등이 상영되고 있기 때문에 이곳에서 멋진 공연을 감상할 수 있다.

내부로 들어서면 마노엘 극장의 역사와 연극 때 사용한 무대배경, 의상 등을 전시해 놓은 작은 박물관이 있고, 조금 더 안쪽으로 들어가면 바로크 양식으로 꾸며진 극장 내부의 화려한 장식들을 구경할 수 있다. 박물관은 1년 내내 개관하지만 6-9월까지는 극장 공연 시즌으로 운영된다.

* 입장료에 오디오 가이드가 포함되어 있으나 한국어는 지원되지 않는다.

주소	Old Theatre Street, Valletta, Malta
전화번호	(+356) 2124 - 6389
홈페이지	http://www.teatrumanoel.com.mt
Email	bookings@teatrumanoel.com.mt
입장시간	**월-금요일** 09:30 ~ 16:30	**토요일** 10:00 ~ 14:00
휴관일	매주 일요일, 국가 공휴일
요금	**성인** €5	**어린이** Free *공연 관람을 위해서는 미리 예매를 해야함

몰타 파이브디 Malta 5D

영화를 진짜처럼 즐길 수 있는 새로운 시대의 영화관인 Malta 5D는 짧은 시간 동안 몰타의 문화와 역사에 대한 이야기를 영상으로 경험할 수 있다. 움직이는 의자, 워터 스프레이, 강한 바람, 레그 티클러 등 다양한 효과들이 함께해 신나고 재미있게 몰타를 알 수 있는 곳. 매시 정각과 30분마다 영화가 상영되나 한국어는 아직 지원하지 않는다.

주소	7, Old Bakery Street, Valletta, Malta
전화번호	(+356) 2735 - 5001
홈페이지	http://malta5d.com
Email	info@malta5d.com
영업시간	**월-토요일** 09:30 ~17:00 ǀ **일요일 & 국가 공휴일** 10:00 ~14:00
휴일	12/25, 1/1
요금	**어른** €9.00 ǀ **어린이** (만 14세 이하) €6.00

구즈 비스트로 Guze Bistro

좁은 문을 열고 들어서면 라임스톤이 주는 특유한 따뜻함이 가득한 레스토랑 내부를 만날 수 있다. 간판 왼쪽으로 나있는 좁은 문을 열고 들어서면 작은 테이블이 다닥다닥 붙어 만들어 낸 비밀 같은 공간이 펼쳐진다. 100% 예약제로 운영될 만큼 현지인은 물론이고 관광객에게 인기 있는 식당으로 식사를 하고 싶다면 사전 예약은 필수다.

주소	22, Old Bakery Street, Valletta, Malta
전화번호	(+356) 2123 - 9686
홈페이지	www.guzevalletta.com
Email	info@guzevalletta.com
영업시간	**저녁 월-토요일** 18:00 ~ 20:30
	점심 금-토요일 12:00 ~ 14:30
휴일	매주 일요일

카페 코르디나 Cafe Cordina

발레타 메인 광장에 위치한 코르디나는 아름다운 외관과 화려한 내부로 유명하지만 무엇보다 몰타에서 가장 오래된 카페로 유명하다. 발레타에서 가장 많은 야외 테이블을 가진 곳으로 가게 내부와 외부 모두 언제나 사람들로 가득한 곳. 몰타의 전통 빵과 식사부터 커피 디저트까지 즐길 수 있는 카페 겸 식당으로 초코 케이크와 젤라또가 맛있다고 한다. 바쁜 여행 중 따뜻한 햇살 아래 게으름을 피우며 커피 한 잔과 달콤한 케이크를 먹는 시간을 가지는 건 어떨까?

주소 Caffe Cordina, 244, Republic Street, Valletta, Malta
전화번호 (+356) 2123 - 4385
홈페이지 http://www.caffecordina.com
Email info@caffecordina.com
영업시간 **월요일** 08:00 ~19:00 | **화토요일** 08:00 ~ 21:00 | **일요일** 08:00 ~15:00

팔라쪼 프레카 Palazzo Preca

스타터부터 디저트까지 완벽한 코스 요리를 즐길 수 있는 발레타의 식당으로 작은 골목길에 위치해 있어 찾아가기 힘든 곳이지만 언제나 손님으로 가득하다. 식당 안쪽으로 들어가면 지하 와인창고를 볼 수 있는 투명 유리판이 있다. 와인들로 가득한 창고는 이 식당에 얼마나 훌륭한 와인들이 있는지를 증명해 준다. 이곳에 왔다면 웨이터에게 와인을 추천받아보자. €25.00-30.00의 가격으로 완벽한 코스 요리를 즐길 수 있으며, 단품으로도 주문할 수 있다. 3명 이상의 인원이 식사할 예정이라면 미리 예약할 것을 추천한다.

주소	Palazzo Preca, 54, Strait Street, Valletta, Malta
전화번호	(+356) 2122 - 6777
홈페이지	http://palazzoprecavalletta.com
Email	info@palazzoprecarestaurant.com
영업시간	**월요일-토요일** Lunch and Dinner ǀ **일요일** Lunch only

아론스 키친 Aaron's Kitchen

날마다 재료에 따라 달라지는 '오늘의 메뉴(Today's menu)'로 싱싱한 해산물과 지중해식 요리가 유명하다. 합리적인 가격과 맛있는 음식, 친절한 직원들로 작지만 사랑스러운 식당. 늘 손님이 많기 때문에 일찍 방문하거나 미리 예약하지 않으면 안 된다. 주문 즉시 정성스럽게 요리가 시작되니 근사한 저녁을 위해서는 약간의 기다림이 필요하다. 느긋하고 여유로운 식사를 하기 적당한 곳.

주소	107, Archbishop Street, Valletta, Malta
전화번호	(+356) 2123 - 0636
홈페이지	http://www.aaronskitchenmalta.com
Email	aarondegabriele@yahoo.com
영업시간	**월요일-토요일** 12:00 ~15:00 ǀ 18:30 ~ 22:00
	일요일 12:00 ~ 15:00

임디나 & 라밧 지도 # MDINA & RABAT

02 몰타의 아름다운 옛 수도, 시간이 멈춰있는 '임디나 (Mdîna) & 라밧 (Rabat)'

임디나 (Mdina)

몰티즈들이 가장 사랑하는 도시 임디나는 모래 빛깔 성벽이 세월의 흔적을 고스란히 품고 고풍스럽게 빛나는 성곽도시이다. BC 700년경 페니키아인들이 처음으로 요새화한 것으로 추정되는 임디나는 로마 제국 당시 성곽이 건설되었고, 아랍의 지배를 받을 때 당시 '도시 (Madinah)'라는 뜻에서 현재의 이름이 붙여졌다고 한다.

16세기 초, 성 요한 기사단이 몰타에 오기 이전까지 임디나는 몰타의 정치적 중심지이자 가장 오래된 도시로 바로크 양식의 장중한 건물들과 휘어진 좁은 골목길이 있다. 몰타에서 가장 높은 곳에 위치한 덕에 적의 침입이 어려웠기 때문에 자연스럽게 천혜의 요새 역할을 하게 되었고, 귀족들이 모여 살았던 곳이기도 하다.

말티즈들이 가장 사랑하는 도시
MDINA

중세 모습을 그대로 간직한 성벽 도시 임디나는 1970년 발레타로 수도가 바뀌자 사람들이 떠났고, 현재는 '고요한 도시(Silent City)'로 불리고 있다. 오래된 건물과 건물 사이에는 작고 좁은 골목들이 이어져 있는데, 골목의 초입부는 넓으나 점점 좁아지고 구부러지는 게 특징이다. 잦은 적의 침략으로 날아오는 화살을 피하고 적에게 쫓기더라도 숨기 편하게 설계된 것인데, 미로처럼 연결되어 있는 골목은 그 기능뿐만 아니라 미학적으로도 충분히 아름답다. 굳이 무엇을 하지 않고 조용한 골목을 걸어 다니는 것만으로도 행복해지는 공간이다. 임디나는 유리와 레이스 공예가 유명한 곳이라 조금만 걸어 다녀도 작업장과 상점을 심심치 않게 발견할 수 있다.
정문으로 임디나에 들어서면 3개의 조각상을 볼 수 있다. 조각상 중간에 있는 사람이 몰타에 기독교를 전파한 성 바울이나. 성 바울 조각상의 손은 항상 뱀에게 물려있는데, 성 바울이 독사에게 물렸는데도 불구하고 아무 일이 없었던 일화가 전해진다.

라밧 & 임디나 멀티 사이트 티켓 Rabat & Mdina Multi-Site Ticket

- 할인된 가격으로 로만 도무스, 성 바울 카타콤, 자연사 박물관 입장권과 임디나(Mdian)~라밧(Rabat) 투어기차 탑승권을 구입할 수 있다.

요금	어른 (만 18-59세)	€ 15.00	어린이 (만 6-11세)	€ 7.00
	청소년 (만 12-17세)		영유아 (만 1-5세)	Free
	경로 (만 60세 이상)	€ 10.00		
	학생			

성 바울 성당 St. Paul's Cathedral Museum or Mdina Cathedral

성 바울은 로마로 압송되던 중 몰타 북동쪽에 위치한 섬에서 배가 난파되었다. 이 일을 계기로 유럽 전역에 기독교가 전파되면서 몰타는 기독교의 성지가 되었는데, 임디나와 라밧에서는 성 바울의 흔적을 찾기가 쉽다. 그중 성 바울 성당은 바로크 양식의 화려하고 웅장한 장식품이 가득한 성당으로, 지금의 성당은 1690년 큰 지진으로 무너진 후 1702년에 재건된 것이다.

성당 지하에는 몰타에 기독교를 전파하다 안타깝게 숨진 성직자들이 잠들어 있다. 바닥을 덮고 있는 대리석 묘비의 문양들은 성직자의 업적과 생애를 뜻하는데, 양쪽으로 늘어뜨린 술의 개수가 많을수록 중요한 업적을 많이 이룬 사람이다.

주소	Mdina cathedral, Cathedral Square, Mdina, Malta
전화번호	(+356) 2145 - 4697
홈페이지	https://www.metropolitanchapter.com/
입장시간	**월-토요일** 09:30 ~ 17:00 ǀ **일요일** 15:00 ~ 17:00 (마감 30분 전 입장가능)
휴관일	매주 일요일, 국가 공휴일
요금	**어른** €5.00 ǀ **청소년** €3.50 ǀ **어린이** (만 12세 이하) Free

국립 자연사 박물관 National Museum of Natural History

프랑스 바로크 양식으로 지어진 이 건물은 중세 시대 대학으로 사용되었다가 1729년에는 궁전으로 사용되었다. 1837년도에는 콜레라 환자들을 위한 병원으로 사용되었고, 영국 군인의 요양원으로도 사용되었다가 20세기 초에는 결핵 환자를 위한 병원으로 사용되기도 한 이곳은 1973년이 되어서야 국립 자연사 박물관으로 바뀌었다. 국립 자연사 박물관은 몰타의 생성과정과 지질학적 정보 등을 알 수 있으며 몰타 자연사에 관한 다양하고 흥미로운 정보를 얻을 수 있다.

주소 Vilhena Palace, St Publius Square, Mdina, Malta
전화번호 (+356) 2145 - 5951
홈페이지 http://heritagemalta.org/museums-sites/national-museum-of-natural-history
입장시간 월-일요일 09:00 ~ 17:00 (마감 30분 전 입장가능)
휴관일 1/1, 성금요일, 12/24, 12/25, 12/31
요금 **어른** (만 18-59세) €5.00 | **청소년** (만 12-17세), **경로** (만 60세 이상), **학생** €3.50 | **어린이** Free

임디나 익스피리언스 Mdina Experience

임디나의 역사를 한눈에 볼 수 있도록 만들어진 영상을 상영해준다. 몰타에 처음으로 사람이 살기 시작한 때부터 로마제국, 중세, 프랑스와 영국의 식민지, 2차 세계대전 등 오랜 역사와 수많은 사건들 속에서 임디나가 어떻게 지내왔는지를 알기 쉽게 보여주는 곳이다.

* 한국어는 지원되지 않는다.

주소 The Mdina Experience, 7, Mesquita Square, Mdina, Malta
전화번호 (+356) 2145 - 4322
홈페이지 http://themdinaexperience.com
입장시간 월-일요일 10:00 ~17:00
휴관일 12/25
요금 **어른,청소년** (만 12세 이상) €6.50 | **어린이** (만 5-12세) €3.00 | **영유아** (만 0-5세) Free

Palazzo Falson Historic House Museum
팔라쪼 팔손

'Palazzo'는 규모가 큰 집을 뜻하는데, 임디나의 팔라쪼 팔손은 우아하고 고풍스러운 외관을 자랑하는 중세 저택이다.

민간인에게 개방된 귀족의 실제 사유 저택으로 13세기 초 만들어진 이 건물은 처음에 단층으로 지어졌다가 15세기에 이르러 2층을 추가로 건축하였다.

팔손가에 전해져 내려오던 이 건물은 19세기에 스웨덴계의 부유한 선박회사 소유주의 아들인 울로프 페러데릭 골처(Olof Frederick Gollcher)가 거주하였다. 그는 화가이자 자선가로 활동했으며 지금 전시되고 있는 가구나 장식품들은 대부분 그의 것이다. 건물 옥상에는 카페가 있어 임디나의 전경을 구경하기 좋으며, 임디나에서 유명한 카페 폰타넬라의 초코케이크를 주문받아 팔고 있다.

주소	Palazzo Falson, Villegaignon Street, Mdina, Malta
전화번호	(+356) 2145 - 4512
홈페이지	http://www.palazzofalson.com
입장시간	화-일요일 10:00 ~17:.00 (마지막 입장 시간 16:00)
휴관일	매주 월요일, 1/1, 성금요일, 부활절, 12/25
요금	**어른** €10.00 | **학생,경로** €5.00 | **어린이** Free | **영유아** 입장제한

임디나 유리공예 Mdina Glass

1968년 두 명의 영국인이 유리 제조공장을 만들기 위해서 몰타로 온 것이 임디나의 유리공예의 유래가 되었다. 불과 2년 후인 1970년, 임디나 유리공예는 세계 산업박람회에 참가하였고, 이탈리아와 미국으로 유리를 수출하는 기염을 토했다. 이곳은 임디나의 유리공예 역사와 함께한 곳으로 다양하고 화려한 유리 수공예품들을 감상할 수 있다.

주소	Mdina glass, St Publius Square, Mdina, Malta
전화번호	(+356) 2145 - 1224
홈페이지	http://www.mdinaglass.com.mt
영업시간	**1~2월**: 월-일요일 09:30 ~ 17:00 | **3 ~ 5월, 11 ~ 12월**: 월-일요일 09:30 ~ 18:00 **6 ~ 10월**: 월-일요일 09:30 ~ 20:00

카페 폰타넬라 Cafe fontanella

몰타에서 가장 고지가 높다는 임디나에서도 높은 곳에 위치하고 있어 전망을 보기 좋은 카페 폰타넬라는 진하고 달콤한 초코 케이크로 유명하다. 폰타넬라의 케이크를 먹기 위해 몰타로 온다는 사람이 있을 정도! 유럽인들에게 유명한 이곳은 임디나에 간다면 꼭 들려야 할 필수 코스가 되었다. 진하고 풍부한 맛의 초콜릿과 상큼한 오렌지 잼이 있는 케이크, 그리고 레몬 치즈케이크와 화이트 초콜릿 케이크가 유명하다. 큼지막한 크기지만 대략 € 3.00라는 착한 가격 덕분에 더욱 사랑스러운 카페 폰타넬라. 디저트뿐만 아니라 식사도 가능한 곳이다.

주소	1, Bastion Street, Mdina, Malta
전화번호	(+356) 2145 - 4264
홈페이지	http://www.fontanellateagarden.com
Email	fontanellateagarden@gmail.com
영업시간	**월요일~일요일** 10:00 ~ 24:00

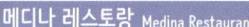

메디나 레스토랑 Medina Restaurant

임디나 특유의 고즈넉함과 예스러운 분위기를 느낄 수 있는 레스토랑으로 여름이면 분홍색의 꽃이 만발하는 나무가 레스토랑을 뒤덮고 있어 로맨틱한 식사를 즐기기에 좋다. 다양한 종류의 와인도 구비되어 있기 때문에 와인과 어울리는 음식을 먹기 좋은 곳이다. 저녁만 제공되기 때문에 메디나 레스토랑에서 식사 후 임디나의 야경을 보는 것을 추천한다. 몰타에서 가장 높은 곳에 위치한 임디나에서는 달이 유난히 크고 아름답게 보이기 때문. 보름달이 뜨는 날이면 일부러 찾아오는 사람이 있다고 하니, 얼마나 로맨틱하고 아름다울까?

주소	7 Holy Cross Street, Mdina, Malta
전화번호	(+356) 2145 - 4004
홈페이지	http://www.medinarestaurantmalta.com
Email	info@medinarestaurant.com
영업시간	**월요일~토요일** 19:00 ~10:30 (Last Oder)
휴일	매주 일요일, 국가 공휴일

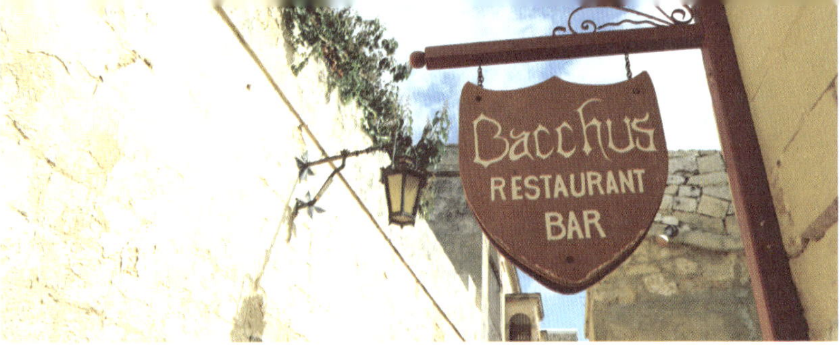

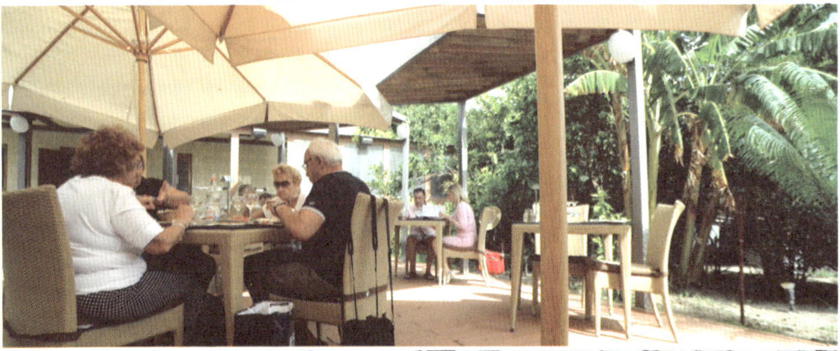

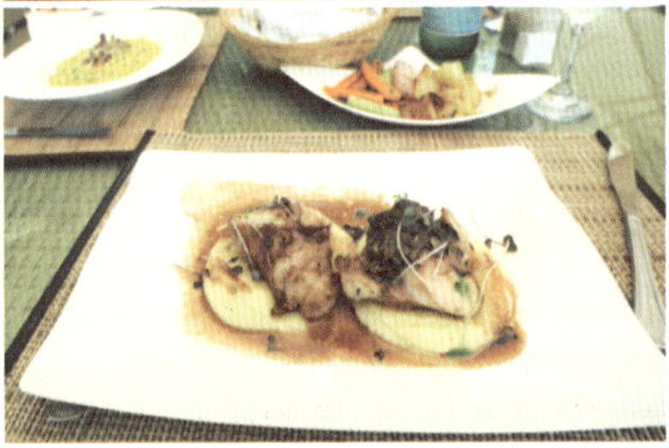

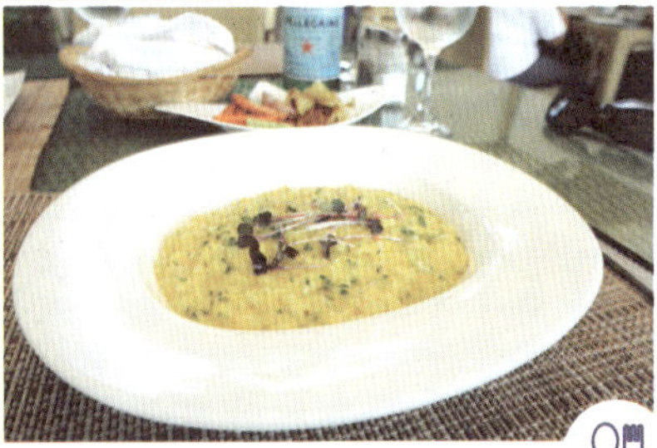

바커스 레스토랑 Bacchus Restaurant

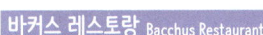

비밀스러운 공간으로 들어가는 듯한 입구로 들어서면 아늑한 가게가 펼쳐진다. 1976년에 오픈한 이 가게는 훌륭한 서비스와 분위기로 유럽인들에게 사랑받는 곳이다. 아치형의 독특한 천장과 은은하고 아름다운 샹들리에 조명이 만들어내는 멋진 분위기로 식당에 들어서면 마치 시간을 거슬러 과거로 온 듯한 착각을 불러일으킨다. 식당 안쪽으로는 결혼식이 진행될 만큼 널찍한 정원과 야외 테이블이 마련되어 있다. 이곳에 오면 부드럽게 구운 토끼 요리를 먹을 수 있는데 특유의 냄새가 나지 않고 마치 닭고기 같아 한 번쯤 도전해 볼 것을 추천하다.

주소	1 Iguanez Street, Mdina, Malta
전화번호	(+356) 2145 - 4981
홈페이지	http://www.bacchus.com.mt
Email	reservations@bacchus.com.mt
영업시간	**월~일요일** 09:00 ~ 24:00 | **점심** 11:30 ~ 15:30 | **저녁** 17:00 ~23:00 (Last Oder)

아기자기한 몰타를 느낄 수 있는
RABAT

라밧 (Rabat)

라밧은 몰타에 불시착한 성 바울이 기독교를 전파하며 3개월간 머물렀던 곳이다. 임디나의 외곽 도시로 아랍어에서 '외곽'을 뜻하는 라밧으로 불리기 시작했다. 임디나가 귀족의 도시라면 성곽 주변으로 자리 잡은 라밧은 서민들의 거주 공간이었다. 웅장하고 화려한 별장과 궁전이 많은 임디나와는 달리 라밧은 소박하며 아기자기하다. 걸어서 5분 거리에 위치한 두 도시는 가까이에 있지만 전혀 다른 매력을 가지고 있다. 곳곳에 성 바울의 흔적을 찾아볼 수 있는 작은 도시로 임디나에 왔다면 그냥 지나치지 말고 꼭 들렀다 가자.

성 바울 카타콤 St. Paul's Catacombs

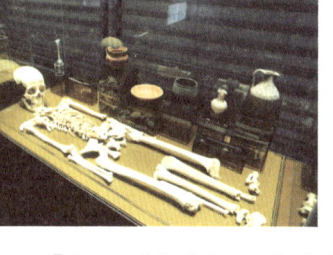

성 바울 성당 뒤편에 있는 성 바울 카타콤. 카타콤은 초기 그리스도의 지하묘지를 뜻하는 말로, 지하 10m 깊이의 동굴로 들어서면 죽은 자들의 세계가 펼쳐진다. 미로처럼 뻗은 길 양쪽으로 수많은 무덤들이 자리 잡고 있는 이곳은 몰타에서 가장 큰 지하묘지이기도 하다. 그리스도인들은 로마의 기독교 박해를 피해 이곳으로 몰려들었고, 이곳에서 숨어 살며 먹고, 자고, 생활했다. 이곳에는 무려 1000여 명이 넘는 사람들이 잠들어 있다고 한다.
함께 관람 가능한 박물관에는 실제로 유골을 발견한 장소가 표시되어 있으며 당시 함께 나온 유물도 전시되어 있다. 또한 성 바울 카타콤에 대한 자세한 설명도 있으니 참고하자.

주소	S.Paul's Catacombs, St Agatha Street, Rabat, Malta
전화번호	(+356) 2145 - 4562
홈페이지	http://heritagemalta.org/museums-sites/st-pauls-catacombs
입장시간	**6월~10월 (월·일요일)** 09:00 ~ 18:00 (마감 30분 전 입장가능) **11월~5월 (월·일요일)** 09:00 ~ 17:00 (마감 30분 전 입장가능)
휴관일	1/1, 성금요일, 12/24, 12/25, 12/31
요금	**어른** (만18-59) €5.00 | **청소년** (만12-17), **경로** (만59세 이상), **학생** €3.50 **어린이** (만6-11) €2.50 | **어린이** (만1-5) Free

로만 도무스 Domus Romana

지중해의 패권을 놓고 로마제국과 카르타고 사이에 벌어졌던 포에니 전쟁은 3차전 끝에 로마가 승리를 이끌었다. 카르타고가 지중해를 호령하던 당시, 카르타고의 식민지였던 몰타도 포에니 전쟁과 함께 로마제국의 식민지가 되었다. 몰타가 로마제국의 지배를 받았던 흔적을 보여주는 곳으로 1881년, 우연히 발견된 로만 도무스는 로마제국 당시 귀족들의 삶을 들여다볼 수 있게 해주는 작은 건물이다. 모자이크 바닥이 인상적인 건물로 화려하고 정교하게 만들어진 로마제국의 모자이크 양식을 볼 수 있으며 로마제국 당시의 자료를 함께 볼 수 있다.

주소	Museum Esplanade, Rabat, Malta
전화번호	(+356) 2145 - 4125
홈페이지	http://heritagemalta.org/museums-sites/domvs-romana
입장시간	**월·일요일** 09:00 ~ 17:00 (마감 30분 전 입장가능)
휴관일	1/1, 성금요일, 12/24, 12/25, 12/31
요금	**어른** (만18-59) €6.00 | **청소년** (만12-17), **경로** (만59세 이상), **학생** €4.50 **어린이** (만6-11) €3.00 | **어린이** (만1-5) Free

파루찬 과자점 Parruccan Confectionery

대를 이어 몰타의 전통 누가(Nougot)를 만들어 파는 곳으로 다양한 맛과 색깔의 누가를 살 수 있다. 한국의 TV 프로그램에서 소개 되어 한국인들 사이에서 라밧의 작은 명물이 되었다. 한국에서 왔다거나 TV에서 봤다고 하면 '꼬레아(Korea)'를 외쳐주시는 친절한 아저씨는 시식용도 아낌없이 나눠주신다. 그램(g) 또는 개수 단위로 판매하고 가격이 부담스럽지 않아 선물용 누가를 사기도 좋다. 누가 외에도 견과류와 초콜릿, 과일로 만든 쿠키나 파이를 사 먹을 수 있는데 한입 베어 물면 입안 가득 어지러울 정도의 단맛이 퍼진다. * 영업시간이 딱히 정해져 있지 않다.

주소   St. Paul's, Rabat, Malta

아프리카를 닮은 선명한 바다도시
Marsaxlokk

03 사람냄새 가득한 몰타의 활기찬 수산시장 '마샤슬록 (Marsaxlokk)'

몰타의 남쪽에 위치한 작은 어촌마을 마샤슬록은 몰타에서 두 번째로 큰 자연 항만지역이다. 이곳에 오면 넓게 펼쳐진 바다 위로 몰타의 전통 배 루쯔(Luzz)가 떠 있는 이국적인 장관을 볼 수 있다. 단조로운 상아색 라임스톤 집과는 대조적으로 푸른 지중해 위에 알록달록 떠있는 루쯔를 보면 마치 북아프리카에 와 있는 듯한 착각을 불러일으킨다.

마샤슬록은 루쯔 만으로도 충분한 매력을 가지고 있지만 일요일마다 열리는 몰타 최대의 재래시장이 현지인과 여행객들을 발걸음을 모은다. 간단한 생활용품부터 기념품까지 저렴한 가격으로 구매할 수 있으며, 어촌 마을답게 싱싱한 해산물은 물론이고 값싸고 질 좋은 채소와 과일도 살 수 있어 일요일 아침이면 많은 사람들로 붐빈다. 식재료를 살 수 있는 시장이 있어서 그런지 몰타에서 이름난 레스토랑 또한 많기 때문에 여행자라면 반드시 들러야 할 곳. 활기차고 맛있는 몰타를 느끼고 싶다면 당장 마샤슬록으로 가자.

몰타의 전통 배 루쯔 Luzzu

잔잔한 바다 위로 선명한 원색으로 칠해진 작고 귀여운 배가 수놓듯 옹기종기 띄워져 있다. 몰타의 전통 고기잡이배인 루쯔는 마샤슬록에서 쉽게 볼 수 있는 작은 배로, 보는 순간 여행자의 마음을 들뜨게 한다. 루쯔를 자세히 들여다보면 거친 바람과 파도로부터 배와 바다를 지키기 위해 그려진 '루쯔 아이 (Luzzu eye)'를 찾을 수 있다. 언제부터 배에 루쯔아이를 그렸는지 정확한 기록은 없지만 이집트 신화에서 풍요를 상징하는 '오시리스(Osiris)'의 눈 혹은 그의 아들인 '호루스(Horus)'의 눈에서 유래되었다는 이야기가 전해지고 있다. 유럽에 속해 있지만 아프리카와 가까운 지리적 특성상 다양한 문화가 공존하는 이곳은, 들여다보면 들여다볼수록 매력이 넘친다.

선데이 피쉬 마켓 Sunday Fish Market

마을과 바다가 마주 닿은 길을 따라 작은 상점들이 빼곡히 들어서 있다. 준비해놓은 물건을 팔려는 상인들과 사려는 손님들이 한 곳에 섞여 건강한 기운으로 가득한 이곳은 매주 일요일마다 열리는 몰타의 재래시장, 선데이 피쉬 마켓.

오전 7시부터 오후까지 열리는 시장이지만 조금은 서둘러야지 싱싱하고 좋은 물건을 살 수 있기 때문에 오전 9~11시 사이에 방문하길 추천한다. 물건을 사려는 몰타 현지인과 관광객도 그 시간에 가장 많이 방문하기 때문에, 그때 가야만 활기찬 마샤슬록의 진정한 모습을 마주할 수 있다.

어촌마을에서 열리는 시장답게 싱싱한 물고기와 새우, 다양한 해산물들을 팔며 그밖에 달콤하고 맛있는 과일과 신선한 채소도 함께 판다. 옷과 가방, 기념품부터 시작해 생활용품까지 다양한 물건들을 판매하고 있어 몰타 현지인도 많이 찾아오기 때문에 몰타의 현지인과 관광객이 적절히 섞여 있는 매력적인 공간이다. 주머니 사정이 가벼운 여행객이라면 몰타의 다른 지역보다 저렴한 가격으로 기념품을 살 수 있으니 절대 놓치지 말아야 할 코스! 물건을 이미 저렴하게 판매하고 있기 때문에 흥정을 하면 실패하기 쉽고, 재래시장인 만큼 결제는 현금만 가능하다.

몰타에서 가장 큰 재래시장이라고 하지만 사실 마샤슬록의 규모는 앙증맞고 작은 몰타에 맞게 아담하다. 천혜의 환경을 가진 몰타에서 눈여겨봐야 할 생선은 참치와 연어! 한국과 비교하여 싱싱하고 저렴해 좋다. 특히나 참치 같은 경우 부위에 상관없이 가격이 같기 때문에 한국에서 비싼 부위를 저렴하게 구입할 수 있다. 시장에는 생선용 시즈닝도 함께 판매하기 때문에 별다른 요리법 없이 구워 먹어도 맛있게 즐길 수 있다.

일요일이 아닌 날에도 시장이 열리긴 하나 일부 상점만 영업을 하며 생선가게는 일요일에만 연다.

주소	Southeastern Malta, Marsaxlokk, Malta
장날	매주 일요일 오전 07:00시 부터 오후까지

세인트 피터스 풀 St. Peter's Pool

유연하게 깎아진 절벽 아래로 한없이 맑고 투명한 물이 반짝이는 곳. 가벼운 파도의 출렁임조차 없이 고요한 바다가 마치 수영장 같아 이름 붙여진 이곳은 몰타의 숨은 명소 '피터스 풀'이다. 몰타에서 가장 아름다운 천연 풀장으로 충분히 깊은 해수면 위로 약 5m 정도 높이의 절벽이 자리 잡고 있어 다이빙을 즐기기에 최적의 장소이다. 바다로 이어지는 사다리가 설치되어 있어 수영을 즐기기에도 좋으며, 평평한 바위가 바다를 감싸고 있기 때문에 일광욕과 휴식을 취하기 좋은 장소다.

가끔 음료와 스낵을 파는 트럭이 오긴 하지만 주변에 편의시설이 없기 때문에 간단한 간식거리와 마실 음료를 챙겨가야 하고 접근성이 어렵다는 단점이 있지만 무릇 아름다운 공주를 만나기 위해서는 흉악한 괴물을 물리쳐야 하듯 이 정도의 수고스러움은 충분히 할 만한 곳이다.

주소   Delimara Point, Marsaxlokk, Malta

* 대중교통으로 찾아가기 어려운 곳이다. 렌터카를 이용하거나 마샤슬록에서 택시 또는 투어 배를 탈 것을 권한다. 배를 탈 경우 편도 €5, 왕복 €10에 탈 수 있다. 택시 요금은 조율이 가능하며 보통 최대 4명을 기준으로 편도 8유로에 탑승 가능하다.

타르타런 피쉬 레스토랑 Tartarun Fish Restaurant

싱싱한 해산물을 쉽게 구할 수 있는 위치적 특성상 지중해 맛을 듬뿍 느낄 수 있는 레스토랑으로 고급스럽고 깔끔한 실내와 잘 교육된 직원들 덕분에 좋은 식사를 대접받는 기분이 든다. 그날그날 신선한 재료를 주방장이 직접 선택하여 내놓은 메인 요리에서부터 각종 해산물 구이와 참치와 연어 스테이크 등 다양한 음식을 선택하여 먹을 수 있다. 마샤슬록에 온 만큼 해산물 요리를 주문해 보자!

주소	Tartarun, Xatt is-Sajjieda, Marsaxlokk, Malta
전화번호	(+356) 2165 - 8089
홈페이지	http://www.tartarun.com
Email	info@tartarun.com
영업시간	화-금요일 12:00 ~ 15:00 ǀ 19:30 ~ 22:30 ǀ **일요일** 12:00 ~ 15:00
휴일	매주 월요일

리쭈 레스토랑 Ir-Rizzu Restaurant

식전 스타터가 무료로 제공되는 곳으로 문어 파스타가 맛있다. 인기 있는 문어 파스타는 야들야들하고 부드러운 식감과 맛에 한 번 놀라고 양에 두 번 놀랄 것이다. 이곳에서는 몰타 사람들이 즐겨 먹는 생선인 람부끼(Lampuki)도 맛볼 수 있다. 평화롭게 띄워져 있는 루쭈를 바라보며 고소하게 구운 생선에 상큼한 레몬즙을 뿌려 먹으며 지중해를 느껴보자.

주소	Ir-Rizzu, 52, Xatt is-Sajjieda, Marsaxlokk, Malta
전화번호	(+356) 2165 - 1569
Email	irrizzu@gmail.com
영업시간	월-일요일 12:00 ~ 15:00

타 빅토르 레스토랑 Ta' Victor Restaurant

몰타 전통음식을 맛보고 싶다면 타 빅토르 레스토랑을 추천한다. 해산물이 많은 마샤슬록에 위치해있지만 페넥(Fenek)이 더 유명한 곳이다. 페넥은 토끼고기를 굽거나 튀긴 후 와인, 마늘, 향신료 등으로 만든 소스를 곁들여 먹는 몰타의 전통음식이다. 이탈리아식 만두라고 불리는 라비올리와 몰타 치즈를 이용해 만든 음식도 있다. 우수한 맛과 서비스로 2014년 몰타 관광청에서 선정한 우수 레스토랑으로 뽑힌 만큼 늘 손님으로 가득 차있다. 일요일에는 예약이 필수인 곳으로 미리 예약하지 않으면 식사를 할 수 없다.

주소	Misrah Madonna ta' Pompei, Marsaxlokk, Malta
전화번호	(+356) 2164 - 1033
홈페이지	http://www.tavictorrestaurant.com
Email	info@tavictorrestaurant.com
영업시간	화-일요일 11:00 ~ 14:30	19 : 30 ~ till late
휴일	매주 월요일

탄나 마리 레스토랑 T'Anna Mari Restaurant

이탈리아 출신의 요리사가 지중해 요리가 무엇인지 알려주는 곳이다. 시칠리아와 몰타에서 15년이라는 오랜 시간 동안 지중해식 음식을 요리한 요리사는 다년간의 경험으로 맛있는 음식을 제공한다. 부드러운 오징어 튀김과 각종 해산물을 듬뿍 넣은 파스타, 참치 스테이크 등 이탈리아의 맛을 몰타에서 즐기고 싶다면 가야 할 식당으로 특이한 내부가 가게의 매력을 더한다. 몰타 특유의 느낌으로 꾸며진 실내 덕분에 여행자들에게 입과 눈을 즐겁게 할 식당이다. 선데이 피쉬 마켓이 열리는 주말에는 미리 예약을 하지 않으면 식사하기가 힘들다.

주소	28, Xatt is-Sajjieda, Marsaxlokk, Malta
전화번호	(+356) 2744 - 6211
홈페이지	http://www.tannamari.com
Email	tannamarirestaurant@gmail.com
영업시간	**월-일요일** 11:00 ~ 15:00 | 18:00 ~ 23:00

발레타를 향해 아름답게 피어있는 도시
THREE CITIES

04 | 발레타를 향해 아름답게 피어있는 도시 '쓰리 시티즈 (Three Cities)'

발레타에서 어퍼 바라카 가든이 유명한 이유는 빼어나고 아름다운 전경 때문이다. 푸른 하늘을 닮은 지중해 위로 발레타를 향해 뻗어있는 작은 도시들이 모여 독특하고 아름다운 뷰를 만든다. 발레타에서 내려다보았을 때 돌기처럼 뻗어 나온 도시를 쓰리 시티즈라 부르는데, 세 개의 도시를 뜻하는 쓰리 시티즈는 말 그대로 코스피쿠아(Cospicua), 빅토리오사(Victoriosa) 그리고 센글레아(Senglea)를 일컬어 부르는 말이다.

성 요한 기사단이 삶의 터전을 마련했던 몰타의 남부 도시로 몰타와 오스만 제국 사이에서 발발한 전쟁에서 결정적인 역할을 한 곳이다. 당시 막강한 군사력을 가진 오스만 제국의 침략에도 불구하고 성 요한 기사단은 승리를 거두었는데, 이를 기념하기 위해 '승리의 도시'라는 뜻의 '빅토리오사'라는 이름이 붙여졌다. 지금은 몰타의 전형적인 주택 지역으로 지난 역사의 영광을 찾기엔 다소 소박하고 조용한 동네가 되었다. 오래된 라임색 건물들 사이로 다양한 발코니가 단조로움을 채우고 있는 작은 도시 쓰리 시티즈. 적의 공격을 피하기 위해 굽이 휘어진 골목만이 옛날 치열했던 전쟁이 이루어진 곳임을 짐작하게 해준다. 이제는 한없이 평화롭고 조용한 마을이 된 이곳에서 몰타에서만 즐길 수 있는 특별한 여유를 즐겨 보자.

롤링 긱스 Rolling Geeks

걸어서는 하루 종일 다녀도 못 돌아볼 쓰리 시티즈를 작은 전기 차를 이용하면 2시간 30분이면 충분하다. 대중교통 이용과 운전이 불편한 몰타에서 시간을 아껴줄 투어로 조작법이 간단하고, 내비게이션이 탑재된 작은 전기 차로 쓰리 시티즈를 쉽고 편안하게 구경할 수 있다.
미리 프로그래밍 된 GPS가 어디로 갈 것인지, 언제 도착할 것인지에 대한 정보를 알려주는 똑똑한 전기 차! 전기 차 1대당 성인 2명, 어린이 2명이 탑승할 수 있으며 이용 요금에는 수수료와 보험이 포함되어 있다. 운전은 만 21세 이상부터 가능하기 때문에 나이를 증명할 신분증은 꼭 지참하도록 하자.

주소	Vault II, Captain of the Galleys Birgu, Waterfront, Birgu(Vittoriosa), Malta
전화번호	(+356) 2180 - 5339
홈페이지	http://www.rolling-geeks.com
영업시간	월-일요일 09:30 ~ 18:30 / 목요일 12:00 ~ 18:30 (마지막 투어 16:00)
요금	**2.5시간 €80.00/car	짧은투어 €65.00/car~**
추가요금	€25.00/시간
포함내역	GPS 가이드, 수수료, 보험, 인당 생수 1병, 우비(필요시)
불 포함내역	아기의자 €3.00, 피크닉 가방(샌드위치, 과일, 음료) €6.5/인당

몰타 전쟁 박물관 Malta at War Museum

1942년에 만들어진 2차 세계대전 다큐멘터리 'Malta G.C'를 상영해주며, 박물관 아래에 위치한 지하 대피소를 둘러볼 수 있다. 몰타는 세계에서 가장 많은 폭탄이 투하된 나라로, 세계 2차 대전 당시 1만 4천여 개의 폭탄이 투하되었고, 10만개가 넘는 빌딩이 붕괴되었다. 이탈리아 공군의 공습에 대비해 만든 지하 대피소는 당시 사람들이 그곳에서 어떻게 생활하며 지냈는지 잘 보여준다. 2차 세계대전 때 사용하였던 무기와 군복, 서류 등 다양한 전시품을 통해 세계대전 당시 몰타 사람들의 삶을 짐작해볼 수 있다. 원활하고 쾌적한 관람을 위해 관람은 45분으로 제한하고 있다.

주소	Couvre Porte, Birgu (Vittoriosa), Malta
전화번호	(+356) 2189 - 6617
홈페이지	http://www.maltaatwarmuseum.com
입장시간	월-토요일 10:00 ~17:00
휴관일	1/1, 성금요일, 부활절, 8/18, 12/24, 12/25, 1/1
요금	**어른** €12.00	**경로 (만59세 이상)** €10.00	**만 16세 미만** €5.00
	가족 (성인 2명 + 어린이 3명) €25.00

몰타 해양 박물관 Malta Maritime Museum

최초의 산업혁명 건물에 새워진 박물관으로 해양의 포괄적 성질과 바다가 몰타에 끼친 영향에 대해 잘 보여주는 곳이다. 해양 박물관에는 선사시대부터 지금까지 바다에 잠겨 있던 많은 유물들이 전시되어 있으며 지중해 한가운데 위치한 지리적 위치상 주변국의 침략을 많이 받아야 했던 몰타의 해양 역사를 한눈에 볼 수 있다. 지중해의 또 다른 매력을 느낄 수 있는 곳으로 몰타 해양 박물관에는 세계에서 가장 큰 로마시대 주 닻이 전시되어있는데 그 무게가 자그마치 4톤이 넘는다고 하니 꼭 한번 방문해보자.

주소	Ex-Naval Bakery, Vittoriosa Waterfront, Birgu (Vittoriosa), Malta
전화번호	(+356) 2166 - 0052
홈페이지	http://heritagemalta.org/museums-sites/malta-maritime-museum
입장시간	월-일요일 09:00 ~17:00 (마감 30분 전 입장가능)
휴관일	1/1, 성금요일, 12/24, 12/25, 12/31
요금	**어른**(만18~59) €5.00	**청소년** (만12-17), **경로** (만59세 이상), **학생** €3.5
	어린이 (만6-11) €2.5	**유아** (만1-5) Free

광장과 요트 정박장 Town Square & Birgu Yacht Marina

푸른 바다 위로 빼곡히 들어선 요트와 배경으로 녹아있는 상아색 건물은 보는 것만으로도 '아 내가 몰타에 와 있구나'라는 생각이 들게끔 한다. 분명 바다지만 호수처럼 잔잔한 물결 위로 떠있는 요트가 수면에 반사되어 보여주는 풍경은 누군가 그려놓은 그림처럼 평화롭다. 쓰리 시티즈 엽서에도 자주 등장하는 풍경으로 요트 정박장 주변으로 레스토랑이 있으며 요트를 식당으로 만든 곳도 있으니 아름다운 경치를 보며 여유롭게 식사하는 것을 추천한다. 특히 해 질 녘에는 마법 같은 풍경을 선물해 주는 곳이니 시간이 된다면 저녁식사를 즐겨 보자.

주소　　The Capitanerie, Xatt Tal-Birgu, Il-Birgu, Malta

가졸라 공원 Gardjola Gardens

센글레아(Senglea)에 위치한 가졸라 공원은 먼 옛날 적의 동태를 살피기 위해 바다를 향해 만들어진 전망 초소가 있다. 이곳을 포함하여 몰타 해안가 곳곳에는 '가졸라(Gardjola)'라고 불리는 6각형의 감시초소가 있는데 각 면에는 부릅뜬 눈과 큰 귀, 학 모양의 조각상이 만들어져 있다. 조각상을 보고 있으면 그 어떤 적의 침입도 놓치지 않겠다는 몰타인의 강한 의지를 느낄 수 있다. 또한 이곳에서는 맞은편에 위치한 발레타의 고풍스러운 모습을 한눈에 볼 수 있다.

주소　　Gardjola Gardens, Senglea, Malta
입장시간　월-일요일 07:00 - 22:00
요금　　Free

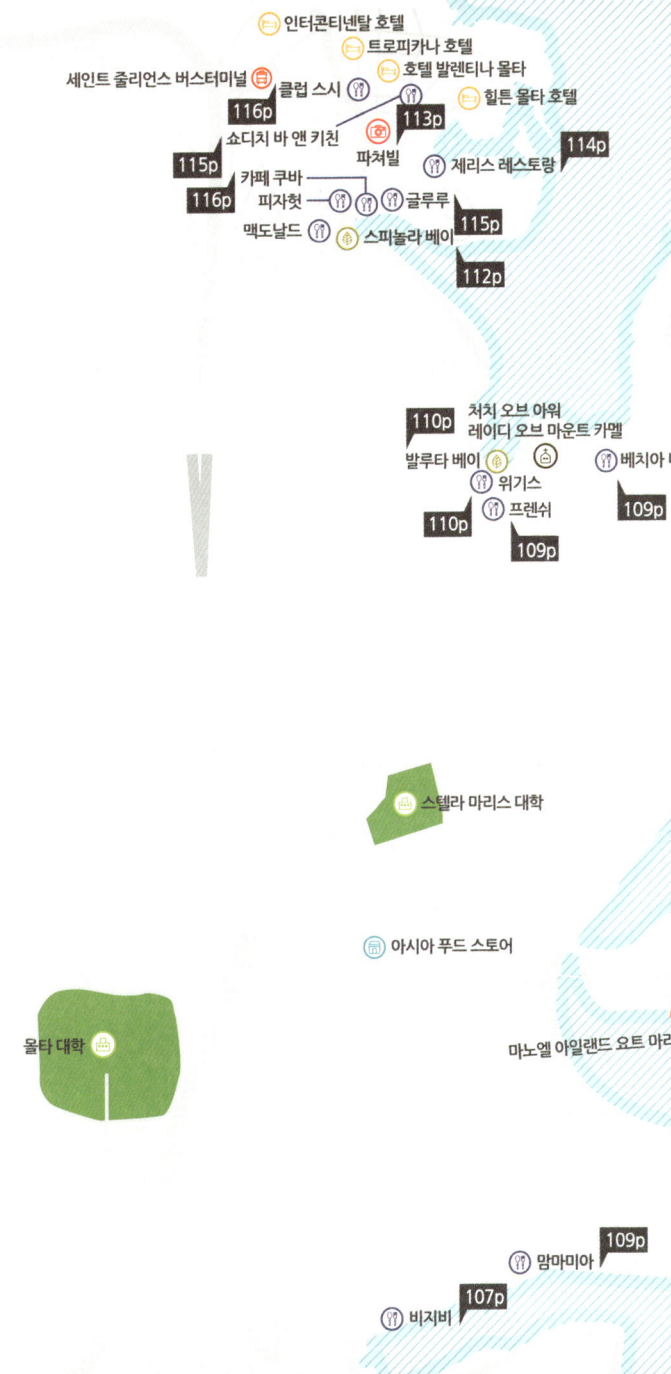

108p
🍴 서프사이드 바 앤 그릴

➕ 종합병원

🛒 타워 슈퍼마켓

108p
📷 슬리에마 다운타운
🛒 더 프라자 쇼핑몰

자라
👗

슬리에마 버스터미널
🍴 버거킹
106p
🛒 더 포인트 쇼핑몰

슬리에마 페리 선착장
맥도날드

📷 마노엘 프론트

슬리에마, 세인트 줄리안 주요 관광 지도

SLIEMA & ST. JULIAN'S

05 | 낮에는 로맨틱하고 밤에는 흥이 넘치는
몰타 동부 : 슬리에마 (Sliema) & 세인트 줄리안 (St. Julian's)

슬리에마 (Sliema)

몰타의 수도는 발레타이지만, 먹고 놀고 즐기기엔 슬리에마와 세인트 줄리안 만한 곳이 없다. 발레타 맞은편에 위치한 슬리에마에는 현대식 건물로 지어진 쇼핑몰과 상점들이 즐비하다. 식료품을 살 수 있는 마트에서부터 가전제품, 화장품, 옷 등 갖가지 생활물품을 살 수 있는 상점과 편의시설이 고루 있다. 몰타에서 가장 모던한 도시로 생활 편의시설이 밀집해 있는 덕분에 많은 어학원과 호텔도 슬리에마에 위치하고 있어 맛있는 레스토랑들이 가득한 건 덤!

슬리에마 페리 선착장에는 발레타로 향하는 배를 탈 수 있으며, 몰타의 자매 섬인 고조와 에

놀고, 먹고, 자고의 3박자가 고루 갖춘
SLIEMA

메랄드빛 바다가 펼쳐진 코미노 행 페리 투어 신청을 할 수 있다. 시티투어 버스도 이곳에서 승하차하기 때문에 관광을 목적으로 온 여행객이라면 이곳에 머무는 것을 추천한다.
놀고, 먹고, 자고의 3박자가 고루 갖춘 슬리에마가 지내기에 편리하다는 이점이 있지만 무엇보다 이곳이 매력적인 이유는 슬리에마에서 바라보는 발레타의 풍경 때문이다. 새파란 바다와 모래 빛 라임스톤의 조화는 보는 이의 마음을 편안하게 만들어 보면 볼수록 담아두고 싶은 풍경이다. 햇살 좋은 날, 푸른 바다 옆 아무 곳에나 자리 잡고 앉아 발레타를 바라보는 것만으로도 충분한 휴식이 되는 이곳에서 여유로운 시간을 보내보는 건 어떨까?

슬리에마 다운타운 Sliema Downtown

우리에게 익숙한 자라(ZARA), 게스(GUESS), 맥도날드, 버거킹 등 다양한 매장이 밀집되어 있다. 슬리에마 페리 선착장이 있어 발레타와 고조, 코미노로 가는 투어 보트를 탈 수 있으며, 시티투어 버스도 이곳에서 많이 출발한다. 각종 편의시설이 많아 여행객들이 선호하는 곳이기 때문에 해안가를 따라 호텔도 많다. 슬리에마 다운타운에 있는 매장들은 세일 시즌이 되면 저렴한 가격으로 물품을 구매할 수 있으니 잘 노려보자! 타워 마켓(Tower Market)은 우리나라에서 쉽게 찾아 볼 수 있는 대형 마켓으로 식료품과 생활용품을 싸게 구입할 수 있는데, 외국에서만 판매되는 제품을 찾아보는 재미도 쏠쏠하다.

주소	Tower Road, Sliema, Malta

더 포인트 쇼핑몰 The Point Shopping Mall

몰타 최대의 현대적인 쇼핑센터로 우리에게 친숙한 브랜드부터 유럽에만 있는 브랜드까지 다양한 상점들이 건물 한 곳에 모여있다. 특히 한여름에는 시원하고 쾌적한 실내 온도 덕분에 뜨거운 몰타에서 잠시나마 휴식처가 되어줄 곳! 엄마들이 쇼핑을 할 동안 아이들이 마음 편히 놀 수 있는 키즈 카페도 있으니 참고 하길 바란다. 시즌에 잘 맞춰가면 대폭 할인된 가격으로 한국에서 살 수 없거나 구하기 힘든 다양한 디자인의 제품들을 구매할 수 있다. 내부에는 의류 매장을 포함하여 전자기기 매장, 마트, 카페, 화장품 매장, 패션 잡화 등 다양한 매장이 있고 주차장이 있어 몰타에서 가장 쇼핑하기 좋은 곳이다.

주소	Tigne Point, Sliema, Malta
전화번호	(+356) 2065 - 5550
홈페이지	http://www.thepointmalta.com
입장시간	월-토요일 10:00~19:30 | 일요일 11:00~18:00
휴관일	매주 일요일

맘마미아 Mamma Mia

몰타에 있는 한국인 유학생들에게 소문이 자자한 곳으로 단체 손님을 수용할 수 있는 널찍한 내부 덕분에 생일파티나 외식으로 현지인도 즐겨 찾는 패밀리 레스토랑이다. 저렴한 가격과 푸짐한 양, 맛있는 음식, 아름다운 뷰까지 모든 것이 고루 갖춘 몰타의 착한 식당. 우리 입맛에 딱 맞는 바비큐 립과 다양한 종류의 피자, 샐러드, 파스타 등이 있어 취향에 맞게 음식을 주문할 수 있다. 양이 많기 때문에 인원수대로 음식을 주문하면 남기기 쉬우니 요령껏 주문하자.

주소	Ix-Xatt Ta' Xbiex, Ta' Xbiex, Malta
전화번호	(+356) 2133 - 7248
홈페이지	http://mammamia.com.mt
Email	mammamia@maltanet.net
영업시간	**점심 - 월-토요일** (12:00~14:45), **일요일** (15:00~14:00)
	저녁 - 월-목요일 (18:00~22:00), **금요일** (18:00~23:00),
	토요일 (18:00~23:30), **일요일** (18:00~22:30),

비지 비 Busy Bee

1933년부터 시작한 가게로 '바쁜 벌'이라는 뜻의 '비지 비(Busy Bee)'라는 재미있는 이름을 가지고 있다. 바쁜 벌처럼 맛있고 달콤한 케이크를 손님들에게 부지런히 서비스하겠다는 의미를 담은 가게로 각종 달콤한 케이크와 디저트를 판매한다. 특히 이 가게에는 촉촉하고 달콤한 티라미슈 케이크가 인기다. 모든 빵과 디저트는 포장 할 수 있으며 서두르지 않으면 한참 서서 기다려야 한다. 아침부터 영업하기 때문에 몰타 전통 빵으로 만든 샌드위치를 먹을 수 있다.

주소	30, Ta` Xbiex Seafront, Msida, Malta
전화번호	(+356) 2133 - 1738
홈페이지	http://www.busybee.com.mt
Email	info@busybee.com.mt
영업시간	**월-일요일** 08:30 ~ 22:00

서프사이드 바 앤 그릴 Surfside Bar & Grill

바다와 맞닿은 해안가에 위치한 덕에 식사를 할 동안 투명한 통유리에 비친 바다를 볼 수 있다. 해 질 녘에 이곳을 방문한다면 맛있는 음식과 함께 아름다운 석양까지 선물 받는다. 1층은 바다로 트인 야외 테라스가 있으며 2층 식당은 통유리로 둘러싸여 있다. 곳곳에 큰 TV가 걸려있어 스포츠 경기가 있는 날이면 관람객과 손님들도 가게가 시끌벅적하다. 무난하게 맛있는 음식들로 무엇을 주문하던지 평균 이상은 하기 때문에 4인 가족이나 친구, 연인들끼리 부담 없이 올 수 있는 레스토랑이다.

주소	Surfside bar & grill, Tower Road, Sliema, Malta
전화번호	(+356) 2134 - 5384
홈페이지	http://www.surfsidemalta.com
Email	surfsidemalta@gmail.com
영업시간	월-일요일 09:00 ~ 23:00

베치아 나폴리 레스토랑 Vecchia Napoli Restaurant

이탈리아와 가까이 있다는 지리적 위치 덕분에 몰타에서 쉽게 맛볼 수 있는 이탈리아 음식. 그 중 슬리에마에서 세인트 줄리안으로 가는 길목에 있는 이곳은 화덕에서 바로 구운 맛있는 피자가 유명하다. 몰타에 여러 지점이 있을 정도로 자리잡은 곳. 캐주얼한 식당 분위기와 합리적인 가격으로 맛있고 가벼운 점심을 즐기기 좋은 곳이다.

주소	Vecchia Napoli, 255, Tower Road, Sliema
전화번호	(+356) 2134 - 3434
홈페이지	http://vecchianapoli.com
Email	info@vecchianapoli.com
영업시간	월-목요일 12:00 ~ 17:00	18:00 ~ 23:00
	금-일요일, 국가 공휴일 12:00 ~ 16:00	18:00 ~ 23:00

프렌쉬 Frensh

몰티즈인 엄마와 프랑스인 아빠 사이에 태어난 아들이 운영하는 빵집이다. 작은 빵집에는 언제나 싱싱하고 고소한 빵 냄새로 하다. 프랑스의 '프렌치(French)'와 신선함을 뜻하는 '프레쉬(Fresh)'가 만나 재미있는 이름을 가진 빵집 '프렌쉬'에서는 맛있는 프랑스 정통 빵을 판매한다. 나만 알고 싶을 정도로 몰타의 사랑스럽고 맛있는 빵집.

주소	37, Balluta Building, Main Street, St Julians
전화번호	(+356) 2137 - 0818
홈페이지	http://www.frenshbakes.com/
Email	info@frenshbakes.com
영업시간	화-일요일 07:30 - 18:00
	휴일 매주 월요일

위기스 키친 Wigi's kitchen

지중해의 푸른 밤, 맛 좋은 음식으로 분위기를 내고 싶다면 위기스 키친을 추천한다. 바라만 보아도 아름다운 발루타 베이에 위치한 위기스 키친은 부드러운 식감의 스테이크가 유명하다. 스테이크 외 파스타, 새우 요리, 구운 생선 요리 등 다른 음식도 맛있다. 아침에는 조식도 제공하기 때문에 밤 낮 없이 손님들로 가득한 식당이다.

주소	Wigi's Kitchen, Main Street, Balluta Bay, St.Julians
전화번호	(+356) 2137 - 7504
홈페이지	http://www.wigiskitchen.com
Email	info@wigiskitchen.com
영업시간	**월요일** 19:00~22:45 ｜ **화금요일** 12:30~14:45 / 19:00~22:45 **토요일** 19:00~22:45 **휴일** 매주 일요일

발루타 베이 Balluta Bay

슬리에마에서 시작해 세인트 줄리안까지 바다를 따라 만들어진 아름다운 산책로를 걷다 보면 만날 수 있는 발루타 베이는 반짝이는 바다와 몰타가 만들어내는 환상의 하모니로 보는 이의 마음을 벅차게 한다. 사랑하는 사람과 두 손을 꼭 잡고 걸으면 좋을 이곳은, 특히 드라마틱하게 휘어진 해안과 발루타 성당이 만들어 내는 풍경이 환상적이다. 산책로 곳곳에 자리 잡은 카페와 레스토랑이 있어 지중해를 바라보며 휴식을 취하기도 좋다.

주소	Balluta Bay, Sliema, Malta

밤이 되면 더 화려해지는
St. Julian's

스피놀라 베이 Spinola Bay

노란빛 석회암으로 만들어진 세인트 줄리안의 대표 상징물, 현대 조각상 'LOVE'가 있는 곳이다. 특이한 점은 글자가 반대로 놓여 있다는 것. 그림자나 스피놀라 베이의 조용한 수면에 반사되어야만 완벽한 LOVE가 만들어진다. 작은 해안에 가득 차 있는 요트와 배가 이국적인 분위기를 물씬 만들어 내는 곳으로 해안가에 많은 카페 중 마음에 드는 곳에서 여유를 즐겨보자. 느릿하게 흘러가는 몰타의 시간에 맞추다 보면 가지고 있던 걱정과 근심이 어느새 없어져버릴 것이다.

주소 Spinola Bay, Saint Julian's, Malta

세인트 줄리안 (St. Julian's)

몰타에서 유일하게 밤이 활기찬 곳 세인트 줄리안은 슬리에마에서 해안가를 따라 북쪽으로 조금 더 올라가면 만날 수 있다. 세인트 줄리안은 과거 작은 어촌 마을이었으나 지금은 밤 문화로 가장 유명한 곳이 되었다. 이곳에는 고급 호텔이 많으며 다양한 종류의 레스토랑과 트렌디한 클럽이 많아 1년 365일 여행객들의 발걸음이 끊이지 않는다. 우리나라의 이태원과 비슷한 느낌을 가진 세인트 줄리안에는 밤이 되면 젊음과 활기로 넘친다. 쇼핑몰, 영화관 등 젊은 사람들의 놀이터가 되어주는 세인트 줄리안의 매력은 낮보다 밤일 때 더욱 빛난다. 진정한 세인트 줄리안을 즐기고 싶다면 불금을 노리자!

Paceville, Saint Julian's, Malta

파쳐빌 Paceville

다양한 클럽들이 좁은 길을 사이에 두고 모여있지만 각각의 클럽들은 힙합, 라틴음악, 재즈 등 특색이 뚜렷하다. 클럽 입장은 별도의 지불 없이 자유롭기 때문에 원하는 분위기나 노래 취향에 맞게 골라가면 된다. 파쳐빌의 메인 스트리트에 있는 덕에 클럽 하바나(Havana), 소호(Soho), 풋루즈(Footloose) 등이 유명하다. 간혹 클럽 입장 전 신분증 검사를 하는 경우가 있기 때문에 여권 사본을 챙겨가는 것이 좋다. 치안이 안전한 몰타이지만 흥과 사람으로 가득한 파쳐빌에서는 간혹 소매치기나 분실사고가 생길 수 있으니 소지품 관리에 유의하자.

드레고나라 카지노 Dragonara Casino

드레고나라 호텔 내 위치한 카지노로 밤이 되면 아름다운 야경을 구경할 수 있는 곳이다. 처음 방문 시 여권 및 신분증을 챙겨가면 카지노 출입증을 만들어 준다. 다음 번 입장 시 신분증 없이 출입증만으로 가능하며 자유롭게 게임을 즐길 수 있다. 슬롯, 아메리칸 룰렛, 블랙 잭, 포커 등 다양한 게임이 있고 실력 있는 딜러들이 능숙하게 게임을 진행한다. 외국의 카지노 문화를 경험하고 싶을 때 한 번 들러보자. 단 절제를 잃은 게임은 금물!

주소	Dragonara Palace, Saint Julian's, Malta
전화번호	(+356) 2138 - 2362
홈페이지	http://www.dragonaracasino.com
Email	info@dragonaracasino.com
영업시간	**월-일요일** 09:00 ~ 17:00 (마지막 입장 16:30)

제리스 레스토랑 Zeri's Restaurant

우수한 해산물 음식으로 극찬을 받고 있는 식당이다. 매일매일 싱싱한 오징어, 새우, 낙지, 조개 관자 등 다양한 해산물을 공수해 맛있는 음식을 손님들에게 제공한다. 만약 여행 일정상 몰타 최대의 어시장이 열리는 마샤슬록에 갈 수 없다면 대신 이곳에서 지중해를 맛보자. 연어와 참치 스테이크는 물론 각종 해산물을 듬뿍 넣은 파스타가 맛있다.

주소	Zeri's Restaurant, Triq Il-Knisja, Portomaso, St Julian's, Malta
전화번호	(+356) 2135 - 9559
홈페이지	http://zerisrestaurant.com
Email	info@zerisrestaurant.com
영업시간	**월-일요일** 09:00 ~ 23:00

굴루루 Gululu

몰티즈들이 추천하는 식당 굴루루는 몰타의 전형적인 음식을 먹을 수 있다. 몰타 전통요리인 토끼고기부터 다양한 몰티즈식 음식을 판매한다. 밖에서 보는 외관과는 달리 내부가 넓고 깔끔하고 분위기 있는 인테리어의 굴루루는 부담 없는 가격에 양이 넉넉하니 여럿이서 나눠먹기 좋은 곳이다.

주소	133, Spinola Bay, St. Julian's, Malta
전화번호	(+356) 2133 - 3431
홈페이지	http://gululu.com.mt
Email	info@gululu.com.mt
영업시간	월-일요일 12:00 ~ 17:00 ㅣ 18:00 ~ 23:00

쇼디치 바 앤 키친 Shoreditch bar and kitchen

몰타에서 저렴하고 맛있는 브런치를 즐기고 싶다면 쇼디치로 가자. 연어와 루꼴라가 가득 올라간 에그 베네딕트와 몽글몽글한 오믈렛, 두툼한 수제버거와 달콤한 팬케이크까지 다양하고 맛있는 메뉴가 가득이다. 가격과 맛 둘 다 합리적이니 늘 사람들이 많아 테이블 잡기가 어려운 것이 단점. 브런치 메뉴는 11시 30분까지만 제공되니 꼭 그전에 주문하도록 하자.

주소	43, Wilga Street, St. Julian's, Malta
전화번호	(+356) 2138 - 6748
홈페이지	http://www.facebook.com/shoreditchmalta
영업시간	수-월요일 09:30 ~ 22:00
	화요일 09:30 ~ 15:00

카페 쿠바 Cafe Cuba

슬리에마와 세인트 줄리안 두 곳에 지점을 가지고 있는 카페 쿠바에서는 식사는 물론이거니와 디저트 및 커피를 즐기기에도 좋은 곳이다. 두 지점 모두 해안가에 위치해 있지만 특히 세인트 줄리안점에서 바라보는 바다가 더욱 아름답다. 맘마미아와 마찬가지로 크고 맛있는 립이 유명하며 햄버거, 파스타, 샐러드도 맛있다. 늦은 밤 아름다운 스피놀라 베이의 야경을 보며 식사를 하는 것도 좋을 것이다.

주소	Cuba, Spinola Bay, St. Julian's, Malta
전화번호	(+356) 2010 - 2323
홈페이지	http://cafecuba.com.mt
Email	info@cafecuba.com.mt
영업시간	**월-목요일** 10:00 ~ 22:00
	금-토요일 10:00 ~ 23:00
	일요일 10:00 ~ 23:00

클럽 스시 Club Sushi from Tokyo to Seoul

아무리 여행 중이라지만 매일 계속되는 파스타, 스테이크, 피자에 질린 사람들에게 추천하는 식당이다. 이름에서 알 수 있듯이 초밥을 비롯해 다양한 일본 음식과 한국 음식을 판매한다. 떡볶이와 파전 등 우리에게 친숙한 음식이 있으니 머나먼 타국에서 한국 음식이 그립다면 이곳으로 가자. 한국인이 운영하고 있는 곳이라 더욱 반가운 곳이다. 몰타 현지인과 외국인 관광객들에게도 인기가 많아 식사 때를 맞춰가면 자리가 없을 수 있다.

주소	Ball Street, Saint Julian's, Malta
전화번호	(+356) 2733 - 1555
홈페이지	https://www.facebook.com/clubsushimalta
Email	info@clubsushimalta.com
영업시간	**월-일요일** 12:00 ~ 17:00	18:30 ~ 23:00
휴일	매주 월요일

Qrendi & Blue Grotto, Dingli Cliffs

06 광활한 자연과 깊은 역사가 살아 숨쉬는 몰타 남부

1년 내내 반짝이는
QRENDI

클렌디 (Qrendi)

뜨겁고 아름다운 태양과 푸른 바다로 1년 내내 반짝이는 몰타. 몰타는 지중해를 품은 천혜의 자연 덕분에 많은 사람들에게 휴양지로 알려져 있지만 자세히 들여다보면 오랜 역사를 증명하는 문화유산이 많은 곳이기도 하다. 3개의 유네스코 세계문화유산을 포함하여 세계 어느 나라보다 단위 면적당 문화유산이 가장 많은 곳으로 우리나라 제주도의 1/6 정도 크기의 작은 나라이지만 놀라울 만큼 많은 문화유산과 독특한 문화가 집중되어 있다. 특히 클렌디 지역에는 고고학적 유물이 잘 보존되어 있는 곳인데, 수 천년 전 인간의 힘만으로는 만들었다고 믿기 어려울 만한 거석 신전이 있다. 커다란 돌을 쌓아 올려 신전을 만든 사람은 누구이며, 왜 만들었는지, 놀라운 신전을 만들었던 총명한 문명사회에 무슨 일이 일어났었는지 수많은 질문을 던지게 하는 거석 신전은 아직까지 풀지 못한 오래된 수수께끼로 남아있다.

하자르 임 & 임나드라 티켓

<mark>하나의 티켓으로 세계문화유산으로 지정된 하자르 임과 임나드라, 박물관을 모두 관람할</mark> 수 있다. 박물관 안에는 두 신전에 대한 설명과 신전을 짓는데 사용한 석회암의 특징, 신전에서 발견된 유물, 고고학적 의미 등 신전에 대한 복합적인 정보가 잘 설명되어 있다.

발굴 시 발견된 뚱뚱한 여인상(Fat Lady)이 전시되어 있으며, 그 밖에 다른 출토품은 발레타에 있는 국립 고고학 박물관에 전시되어 있다. 박물관에는 시대별로 이 신전이 어떻게 지어졌는지에 대한 가설을 남겼던 학자들의 연구가 잘 정리되어 있는데 그 가설들이 모두 흥미롭다. 지금은 신전이라고 말을 하지만 정확하게 어떤 용도로 사용하였는지는 밝혀진 게 없다고 한다.

주소	Triq Hagar Qim, Qrendi, Malta	
전화번호	(+356) 2142 - 4231	
홈페이지	http://heritagemalta.org/museums-sites/hagar-qim-temples	
입장시간	**월-일요일** 하절기(6월 - 10월) 09:00 ~ 18:00 (마감 30분 전 입장가능)	
휴관일	동절기(11월 - 5월) 09:00 ~ 17:00 (마감 30분 전 입장가능)	
요금	1/1, 성금요일, 12/24, 12/25, 12/31	
	어른 (만 18-59세)	€ 10.00
	청소년 (만 12-17세)	
	경로 (만 60세 이상)	€ 7.50
	학생	
	어린이 (만 6-11세)	€ 5.50
	영유아 (만 1-5세)	Free

하자르 임 신전 Hagar Qim Temple

기원전 3300년경에 지어진 것으로 추정되는 선사시대 거석 신전으로 1992년 유네스코 세계문화유산에 지정되었다. 가장 눈에 먼저 들어오는 건 거석 신전이 아닌 흰 천막. 하자르 임 전체를 덮고 있는 흰 천막은 거석이 비와 바람에 마모되거나 훼손되는 것을 막기 위해 설치되어 있다.

인류가 만든 가장 오래된 구조물로 꼽히는 하자르 임은 커다란 돌로 신전을 지은 곳으로 여러 개의 타원형 방과 그사이를 잇는 복도로 구성되어 있다. 타원형으로 정교하게 쌓아 올린 돌들은 원시시대 풍만한 연인을 본떠 지은 것으로 여성과 다산을 숭배했던 당시 사람들의 세계관을 짐작해 볼 수 있다.

신전을 구성하는 돌 중 크기가 큰 것은 무려 20톤이 넘는데, 때문에 선사시대 거인이 만들었다는 전설도 내려오고 있다. 수천 년이 지나도 무너지지 않는 정교한 건축양식은 아직까지도 미스터리로 남아있다.

임나드라 신전 Mnajdra Temple

하자르 임에서 조금만 내려가면 있는 또 다른 신전으로, 큰 돌 여러 개를 방처럼 동그랗게 쌓아 올렸다. 신전의 정확한 용도는 알지 못하지만 신전을 이루는 라임스톤에는 별을 관측하였던 흔적이 남아있으며 제사를 지냈을 것이라 추정되는 제사단도 있다. 태양의 움직임과 지구의 좌천에 대해 정확히 이해한 건축양식들이 숨어있는 놀라운 몰타의 신전이다. 몰타에서 발견된 하자르 임과 임나드라와 같은 거석 신전은 총 30여 개가 된다고 한다. 이중 임나드라 신전에는 몰타에서 발행된 센트 동전에 새겨져있는 직사각형 모양의 출입문이 있다. 유럽 모든 국가에서 사용 가능한 유로 동전에는 발행되는 국가에 따라 각기 다른 디자인을 새길 수 있는데 몰타에서 발행된 동전에는 몰타 십자가와 몰타 문장, 그리고 임나드라 신전의 출입문이 그려져 있다. 동전을 챙겨와 실물과 함께 비교해서 관람해보자.

몰타에서 발행 되는 유로 동전 속 임나드라 신전

블루 그라토 Blue Grotto

블루 그라토는 '푸른 동굴'이라는 뜻의 자연 동굴로 오랜 시간 동안 바다와 파도에 의해 바위가 마모되어 생긴 천연 해식동굴이다. 몰타의 남쪽 끝에는 독특한 형태의 해식동굴과 맑고 투명한 물이 만나 아름다운 풍경을 선물해주는 그림 같은 곳이 있다. 오랜 세월 지중해의 파도와 바람이 정성스레 빚어 놓은 기암절벽이 절경을 이루는 곳으로 배를 타고 찬찬히 둘러보는 보트 투어가 유명하다.

블루 그라토는 입구가 바다에 잠겨 있어 보트를 타고 들어가야만 내부를 구경할 수 있다. 보트를 타고 동굴 안으로 들어서면 청량하게 반짝이는 바닷물이 신비로움 자아낸다. 사람들의 접근을 쉽게 허락하지 않는 곳인 만큼 순수하고 깨끗한 바닷물이 동굴 아래에서 수줍게 반짝인다.

주소   Coast Rd | Qrendi, Zurrieq, Malta

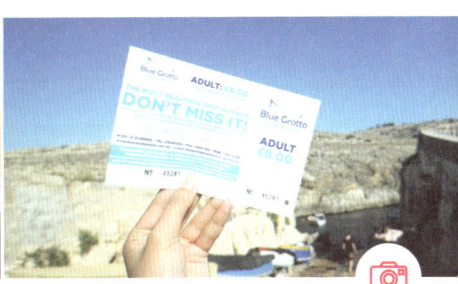

블루 그라토 보트 투어 Blue Grotto Boat Service

대략 30분으로 진행되는 보트 투어는 숨 막히게 아름다운 블루 그라토의 매력을 가까이에서 느낄 수 있도록 해준다. 동굴 입구 쪽으로 내려가면 티켓을 구매할 수 있으며, 일정 인원이 모일 때까지 기다렸다 출발하는 시스템이다. 비가 오거나 바람이 많이 불어 파도가 심한 날에는 운행되지 않으니 출발하기 전 미리 알아보는 것이 좋다. 작은 배로 움직이는 보트 투어에는 대략 6~8명의 인원이 탑승할 수 있는데 배를 운전해주시는 아저씨의 친절한 설명도 함께 들을 수 있다. 파도의 출렁임을 그대로 느낄 수 있어 재미있기도 하지만 뱃멀미가 심하면 사전에 미리 약을 먹어두는 것이 좋다.

주소	Coast Rd	Qrendi, Zurrieq, Malta
전화번호	(+356) 2164 - 0058
홈페이지	http://www.bluegrottomalta.com.mt
Email	bluegrottoboatservice@gmail.com
입장시간	월-일요일 하절기 09:00 ~ 17:00	동절기 09:00 ~ 15:30
요금	어른 €8.00	어린이 €4.00

블루 그라토 다이빙 포인트 Blue Grotto Diving Point

블루 그라토에 가면 장비를 갖추고 스킨스쿠버를 즐기는 사람을 쉽게 볼 수 있는데 블루 그라토 바다 밑, 평균 수심 30m 아래로 들어가면 조용하게 잠들어 있는 난파선을 만날 수 있다. 배의 이름은 '음 엘 파로드(The Um El Faroud)'로 리비아 국적의 유조선으로 보수작업 도중 가스폭발 사고로 이곳에 침수되었다. 스킨스쿠버가 어렵다면 수영복을 챙겨서 간단히 바다수영을 즐기는 것도 추천한다. 아름다운 자연과 함께 하는 수영이라니, 상상만으로도 즐겁지 아니한가?

딩글리 절벽 Dingli Cliffs

몰타에서 가장 높은 해안절벽으로 탁 트인 지중해를 바라보기 최적의 장소이다. 벌판 끝으로 깎아진 절벽과 짙은 바다만이 존재하는 이곳은 하늘과 바다가 만나는 지점이기도 하다. 17세기에 지어진 작은 성녀 마리아 막달레나 예배당만이 외로운 딩글리 절벽을 지켜주고 있다. 아름다운 절경으로 트레킹 코스가 유명한데, 끝없이 펼쳐진 바다와 절벽을 따라 걷다 보면 마음의 평온을 얻을 수 있을 것이다. 몰타의 서쪽에 있어 아름다운 일몰을 감상하기 좋으며 밤이 되면 쏟아지는 별을 마주할 것이다.

주소	Panoramic Road, Dingli, Malta
긴회번호	(1356) 2145 6060
홈페이지	http://www.dingli.gov.mt

BUGIBBA & MELLIEHA

07 | 황금빛 모래가 반짝이는 아름다운 해안도시 몰타 북부

여유로운 도시
BUGIBBA

부지바 (Bugibba)

몰타의 북부에 위치한 부지바는 호텔, 레스토랑, 카지노 등 관광객을 위한 시설들이 모여있지만 조금은 고즈넉한 분위기의 작은 도시이다. 부지바 주변의 해안가는 바닷물이 맑고 깊지 않아 해수욕을 즐기기에 좋은 곳으로 주로 가족단위의 관광객들이 많이 방문한다.

부지바에는 유독 고급빌라들이 많이 모여있는데, 유럽나 몰타 사람 중 은퇴 후 남은 노년을 보내는 사람이 많기 때문이다. 활기차지만 조용하고 시내지만 번잡하지 않는 부지바의 거리를 걷고 있으면 나의 노년도 이곳에서 보냈으면 좋겠다는 생각이 들 것이다. 휴가철이면 사람들로 북적북적 거리는 우리의 휴양지와는 달리 여유로움으로 가득한 부지바에서 아무 걱정 없이 보내는 여름휴가는 어떨까?

몰타 클래식 카 박물관 Malta Classic Car Collection

1955년식 재규어(Jaguar)부터 1972년식 피아트(FIAT)까지 다양한 종류의 클래식 자동차 100여 대가 전시되어 있다. 그 차의 용도와 쓰임에 맞게 꾸며져 있으며 차뿐만 아니라 다양한 볼거리를 제공한다. 클래식 차에 대한 기본적인 정보를 비롯하여 이 차가 어떻게 수집되었는지에 대한 짧은 이야기까지 알 수 있는 곳으로 국내에서 쉽게 볼 수 없는 종류의 클래식 차가 전시되어 있으니 한 번쯤 가보는 것도 좋을 것 같다. 박물관 내 일부 자동차는 판매되고 있다.

주소	The Malta Classic Car Collection Klamari Street, Qawra, Malta.
전화번호	(+356) 2157 - 8885
홈페이지	http://www.classiccarsmalta.com
Email	info@classiccarsmalta.com
입장시간	월-금요일 09:00 ~ 18:00 토요일, 국가 공휴일 09:00 ~ 13:30
휴관일	매주 일요일
요금	**어른** € 10.00 | **어린이** € 4.50

몰타 국립 수족관 Malta National Aquarium

바다 바로 옆에 위치한 몰타 국립 수족관은 시민들이 쉴 수 있는 작은 공원과 분수로 꾸며져 있어 주말이면 가족단위의 손님들이 찾는 곳이다. 몰타의 하나뿐인 수족관으로 아쿠아리움 안에는 다양한 물고기들이 전시되어 있으며 가게 내부에는 편의시설로 기념품 가게와 식당이 있다. 우리나라에 있는 대형 수족관보다 규모가 작아 한 시간 정도면 내부 관람이 가능하다.

주소	Malta National Aquarium, Triq It-Trunciera, Qawra, San Pawl il-Bahar, Malta
전화번호	(+356) 2258 - 8100
홈페이지	http://www.aquarium.com.mt
Email	info@aquarium.com.mt
입장시간	월-금요일, 일요일 10:00 ~ 18:00 토요일 10:00 ~ 20:00 (마감 30분 전 입장가능)
휴관일	매주 일요일
요금	**어른** (만 13세 이상) € 13.90 **경로** (만 60세 이상) € 11.90 **어린이** (만 4-12세) € 7.00 **유아** (만 0-3세) Free

카페 델 말 Cafe Del Mar

어디서든 바다수영이 가능한 몰타지만 작은 풀장도 심심치 않게 발견할 수 있다. 국립 수족관 바로 옆에 위치한 레스토랑 '카페 델 말' 안에는 마치 바다와 이어져 있는 것 같은 풀장이 있어 인기다. 주말 저녁이 되면 수영장은 클럽으로 변해 사람들과 함께 음악을 즐기며 놀 수 있다. 식당에서 음료를 마시거나 식사를 할 경우 입장료를 따로 지불하지 않아도 되지만 수영장을 이용하려면 반드시 선베드를 사용하여만 한다. 비수기에는 별도의 요금을 지불하지 않고 무료로 선베드와 수영장을 이용할 수 있다.

주소	Café Del Mar, Triq It-Trunciera, Qawra, Malta
전화번호	(+356) 2258 - 8144
홈페이지	http://www.cafedelmar.com.mt
Email	info@cafedelmar.com.mt
영업시간	월-토요일 10:00 ~ 01:00 | 일요일 10:00 ~ 12:00
요금	4월~5월 Nomal €15 | Cushioned €20 | VIP €30 | Luxury €80 | Gazebos €100 6월~9월 Nomal €20 | Cushioned €25 | VIP €40 | Luxury €100 | Gazebos €120 9월~10월 Nomal €15 | Cushioned €20 | VIP €30 | Luxury €80 | Gazebos €100

더 브라덜스 The Brothers

몰타에서 불가리안 음식을 즐길 수 있는 작은 식당 더 브라덜스에 가면 자극적이지 않고 건강한 한 끼 식사를 선물 받는다. 우리에게 생소한 불가리아 음식이지만 부담스럽지 않은 맛과 조리법으로 유럽 여행을 하며 지친 위에게 심심한 위로가 될 것이다. 부지바 스퀘어에서 조금은 떨어져 있지만 그래서 더욱 조용하고 가족적인 느낌이다. 푸짐하게 나오는 양과 합리적인 가격으로 몰타에서 색다른 음식을 즐기고 싶다면 방문하자. 주문이 들어오면 정성스럽게 음식이 만들어지기 때문에 요리시간이 다소 오래 걸릴 수 있다.

주소	Triq Il-Korp tal-Pijunieri, Bugibba, Malta
전화번호	(+356) 9905 - 8829
홈페이지	https://www.facebook.com/thebrothers
영업시간	월-일요일 11:00 ~ 23:00

가장 크고 아름다운 모래해변을 가지고 있는
MELLIEHA

멜리에하 (Mellieha)

몰타 섬 북부의 조용하고 평화로운 마을은 경치가 좋아 매년 많은 관광객들이 휴가를 보내기 위해 찾아온다. 관광지라 하지만 화려한 현대식 건물 하나 없는 이곳에서는 몰타 특유의 느리게 가는 시간을 느낄 수 있다. 아침이면 쏟아지는 눈부신 햇살에 눈을 뜨고, 낮에는

푸른 지중해에서 수영을 즐기고, 해거름이 어둑어둑해질 때면 조용히 집으로 돌아가야 하는 특별할 것 없지만 마음이 편안해지는 휴식을 취하기 가장 좋은 곳으로 몰타에서 가장 크고 아름다운 모래해변을 가지고 있어 해수욕과 다양한 해양스포츠를 즐길 수 있다.

뽀빠이 빌리지 Popeye Village

알록달록 아기자기한 건물들이 동화 속 마을처럼 꾸며져 있는 이곳은 1979년 로빈 윌리엄스가 출연한 영화 '뽀빠이'의 실제 촬영 세트장이다. 푸른 바다와 색색의 건물들이 한 장의 엽서처럼 아름다운 이곳은 실제 뽀빠이가 살았을 것 같은 작은 마을로 학교, 우체국, 빵집, 병원, 세탁소 등 다양한 건물들이 정교하게 꾸며져 있다.

영화 뽀빠이 제작 과정을 보여주는 영상을 상영해주며, 뽀빠이 캐릭터 분장을 한 스텝들이 마을을 돌아다니며 관광객들과 사진을 찍어주는 서비스를 제공한다. 물 풍선 던지기 게임이나 뽀빠이 영화 제작하기 등 다양한 프로그램을 자체적으로 진행하고 있으니 함께 참여해보도록 하자. 물론 참여 비는 무료!

* 입장료 안에 무료팝콘 + 보트 탑승권 + 무료엽서 가격이 포함되어 있다.

주소	Popeye Village, Anchor Bay, Mellieha, Malta
전화번호	(+356) 2152 - 4782
홈페이지	http://www.popeyemalta.com
Email	info@popeyemalta.com
입장시간	11-3월 09:30 ~ 16:30 ㅣ 4-6월, 9-10월 09:30 ~ 17:30 ㅣ 7-8월 09:30 ~ 19:00
요금	**성인** € 11.00 (winter) / € 15.00 (6,9,10월) / € 17.00 (7,8월)
	어린이 (만 3-12세), 학생, 경로 € 9.00 (winter) / € 12.00 (6,9,10월) / € 13.50 (7,8월)

골든 베이 Golden Bay

멜리에하 끝 쪽에 위치한 골든 베이는 몰타에서 아름다운 모래 해변으로 유명하다. 멜리에하 서쪽에 위치해있어 아름다운 일몰을 자랑하는 골든 베이는, 황금빛 고운 모래와 해 질 녘 금빛으로 반짝이는 바다 때문에 '골든 베이(Golden Bay)'라는 이름이 붙여졌다. 편의시설이 잘 갖춰진 곳 중 하나로, 호텔과 카페, 레스토랑이 있으며 제트 스키, 패러글라이딩, 바나나 보트와 같은 해양 스포츠를 즐길 수 있다.

주소	Golden Bay, Mellieha, Malta

멜리에하 베이 Mellieha Bay

바위로 된 락 비치(Lock beach)가 대부분인 몰타에서 긴 모래사장을 가지고 있는 멜리에하 비치! 수심이 얕고 해수면 아래에도 고운 모래가 깔려있어 바다 수영을 즐기기에 더할 나위 없이 좋다. 바나나 보트, 윈드서핑 등 다양한 해양스포츠도 할 수 있어 가족, 연인, 친구들끼리 함께 하면 더욱 좋은 멜리에하 베이. 에메랄드빛 바다를 앞에 두고 파라솔에 누워 즐기는 휴식은, 그 어떤 지상낙원도 부럽지 않을 것이다.

| 주소 | Mellieha Beach, Mellieha, Malta |

멜리에하 교회 The Parish Church of Mellieha

1881년부터 1898년까지, 교회를 짓기까지 총 18년의 기간이 걸린 만큼 정교하게 만들어진 그림 같은 교회이다. 교회를 짓는데 사용된 라임 스톤은 모두 주민들이 직접 채석장에서 이곳까지 날랐다고 한다. 교회는 수많은 예술가들에 의해 꾸며져 있으며 전체적으로 순백의 아름다운 내부는 방문자의 마음을 경건하게 만든다. 밤에는 아름다운 조명으로 은은하고 우아하게 빛나는 곳이다.

주소	Mellieha Village, Mellieha, Malta
홈페이지	http://www.mellieha.com
Email	dmusc@waldonet.net.mt
입장시간	**월-목요일** 06:00 ~ 08:30 /17:00 ~ 19:30 **ㅣ금요일** 16:00 ~ 19:30
	토요일 06:00 ~ 08:30 /16:00 ~ 20:00 **ㅣ일요일** 05:30 ~ 12:00 / 16:00 ~ 18:30

일 미쓰나 Il Mithna

멜리에하 비치에서는 조금 떨어져 있지만 맛있는 음식으로 입소문이 자자하다. 17세기 풍차로 사용되었던 건물을 개조해 만든 식당은 특유의 고풍스러움과 따뜻한 분위기를 가지고 있다. 개인당 €25로 즐길 수 있는 코스요리가 있고 훌륭한 와인들이 많아 근사한 저녁식사 장소로 부족함이 없는 곳이다.

주소	58, Triq il-Kbira, Mellieha, Malta
전화번호	(+356) 2152 - 0404
홈페이지	http://www.mithna.com
Email	info@mithna.com
영업시간	월-토요일 18:00 ~ 22:30 ｜ 일요일 12:00 ~ 15:30

토스카 레스토랑 Tosca Restaurant

편안하고 깔끔한 분위기의 현대 유럽식 레스토랑으로 이탈리아 음식과 지중해식 요리를 제공한다. 깔끔한 내부와 친절한 서비스로 편안하게 식사를 즐길 수 있다. 스테이크 같은 메인 요리보다는 피자, 파스타가 맛있는 곳으로 이탈리아 음식점이라 메뉴가 이태리어로 되어있다. 이태리어 밑에 작은 글씨로 영어 설명이 되어있으니 참고해서 주문을 하자.

주소	Gorg Borg Olivier Street, Mellieha, Malta
전화번호	(+356) 2280 - 1927
홈페이지	http://www.ilovetosca.com
Email	info@ilovetosca.com
영업시간	화-토요일 18:00 ~ 22:00 ｜ 일요일 12:30 ~ 15:00 / 18:00 ~ 22:00
휴무일	매주 월요일

151p 위에니 베이 천일염전

젭부즈
Zebbug

아르브
Gharb

147p 타 피누 바실리카 성당

아르브 교회

148p 아주르 윈도우
블루 홀

고조 고고학 박물관 **145p**
154p 카페 쥬빌리 요새
말도나도 비스트로

Victoria

Xlendi
슬렌디

153p
153p 더 보트 하우스
타 카롤리나 슬렌디 세인트 패트릭스 호텔
슬렌디
146p

호텔 타 센시 앤 스파

152p 칼립소 동굴
151p 람라 베이
샌 블라스 베이
150p 타 콜라 풍차
150p 쥬간티아 신전
고조 마리나
139p 고조 페리 터미널

고조 섬 주요 관광 지도

GOZO

STEP 02. 고조 섬 볼거리

고조 섬 가는 법 01

01. 페리 이용하기

몰타의 페리 선착장 치케와(Cirkewwa)에서 고조 섬 임자르(Mgarr) 사이를 운항하는 페리를 이용한다. 고조 섬으로 갈 때는 표 검사를 따로 하지 않으니 표를 구매하지 않고 페리에 탑승해도 무방하지만 고조에서 몰타로 나올 땐 표를 구매해야 탑승할 수 있다. 대략 20분이면 갈 수 있는 이 구간은 넓디넓은 지중해에서 가장 수심이 깊은 곳이기도 하다.

승용차를 함께 실을 수 있는 커다란 여객선으로 많은 인원을 한 번에 수용할 수 있으며 날씨에 따라 운항 스케줄이 쉽게 변동되지 않는다. 페리 안에는 카페테리아와 편의점이 있어 간단한 과자와 샌드위치, 커피 등을 살 수 있는데 아침 일찍 이동하는 사람이라면 간단한 식사를 할 수 있지만 종류가 다양하지 않기 때문에 미리 음식을 준비하는 것도 하나의 방법이다. 자리는 따로 지정되어 있지 않기 때문에 원하는 자리에 자유롭게 앉을 수 있으며, 배 위층으로 올라가면 멋진 경치를 감상할 수 있다.

02. 투어 보트 이용하기

슬리에마에 가면 바닷가 바로 옆에 작은 부스들이 옹기종기 모여있는 것을 볼 수 있다. 각각의 부스는 슬리에마 페리 선착장에서 고조 섬과 코미노 행 배를 운항하는 회사로 투어 가격은 €20-30 정도이며 상황에 따라 흥정이 가능하다. 시간은 약 40분에서 1시간 정도 소요되는데 주로 작은 크기의 배로 움직이기 때문에 운항 시 흔들림이 있다. 만약 뱃멀미가 심하다면 슬리에마보다 치케와 항에서 페리를 타는 것을 권한다. 운항 스케줄은 그날의 날씨나 파도 높이에 따라 변할 수 있으며 가격과 시간은 회사별로 각각 다르니 현장에서 확인하자.

몰타 - 고조 페리 시간표 및 티켓 정보

운행구간	몰타 치케와 - 고조 임자르
운행시간	거의 매시 운항 (좀 더 자세한 운항 정보 : http://www.gozochannel.com/en/schedules.htm)
요금	성인 왕복 €4.65	자동차 동반 시 €15.70
전화번호	(+356) 2210 - 9000
홈페이지	http://www.gozochannel.com
Email	info@gozochannel.com

02 고조 섬에서 움직이기

01. 버스

교통 시스템이 바뀌기 이전에는 몰타 본 섬과 고조 섬에서 각각 다른 버스 티켓을 사용하였지만 이젠 같은 카드로 두 섬 모두 대중교통을 이용할 수 있다. 본 섬과 마찬가지로 일반 버스와 밤늦게 운행하는 N 버스가 있으며 교통 시스템 역시 정확하지 않기 때문에 몰타에 왔다면 마음 느긋하게 버스를 기다려야 할 것.

02. 택시

고조에서 택시로 움직일 경우 원하는 구간을 타는 것보다 하루 동안 택시를 빌려 움직이는 일명 '택시 투어'가 더 유용하다. 고조의 대중교통 시스템은 본 섬보다 안 좋을 뿐만 아니라 유동 인구도 적어 길거리에서 택시를 잡는 일이 힘들기 때문이다. 친절한 기사님의 가이드까지 겸비한 '택시 투어'는 1일 기준 약 €100 정도. 가격이 비싸지만 그만큼 편하고 좋다. 몰타 특유의 영어 억양이 있어 처음엔 듣기 힘들 수도 있지만 계속 듣다 보면 왠지 모르게 정감 가는 몰타식 영어 가이드가 또 다른 재미를 선사한다. 고조 임자르 항에 도착하면 택시들이 길게 줄지어 서 있다. 주변을 서성이고 있으면 택시기사님들께서 말을 거는데 택시 투어를 원할 경우 2곳 이상 가격을 비교하고 선택하도록 하자.

고조 대표 택시 회사 리스트

고조 웨이 (Gozo Way)

주소	Gozo Way, Buskett Street, Nadur, Gozo-Malta
전화번호	(+356) 2156 - 4461
홈페이지	http://gozo.com/gozoway
Email	info@gozoway.com

마리오 (Mario's Rent A Car & Taxi)

주소	70, Mannar Street, Xaghra, Gozo-Malta
전화번호	(+356) 2155 - 7242
홈페이지	http://gozo.com/mario
Email	marios@vol.net.mt

03. 시티투어버스

본 섬보다 작은 고조에서는 시티투어버스가 더욱 유용하다. 고조에서 꼭 봐야 할 핵심적인 관광지를 집중적으로 보여주는 노선으로 시간이 없는 여행객들에겐 더더욱 좋은 선택이다. 원하는 장소에서 자유롭게 내리고 다시 탑승할 수 있으며, 가격은 회사별로 정해져 있지만 탑승할 인원이 많으면 좀 더 저렴한 가격으로 투어버스를 이용할 수 있다. 페리에서 내리면 1층 선착장에 설치되어 있는 시티투어버스 회사 부스를 찾아 볼 수 있을 것이다. 각 회사별로 노선은 거의 비슷하나 운행 순서가 다를 수 있으니 일정에 맞게 비교해 선택해야 한다.

고조 대표 시티투어버스 리스트

시티 관광 (City Sightseeing Gozo)

운행시간	월-일요일 09:45 ~ 15:35
요금	어른 €14.00	어린이 €7.50
주소	41A Main Gate street, Victoria, Gozo-Malta
전화번호	(+356) 2156 - 9996
홈페이지	http://www.city-sightseeing.com/tours/malta/gozo
Email	info@city-sightseeing.com

고조 관광 버스 (Gozo Sightseeing Bus)

운행시간	월-일요일 09:45 ~ 15:35
요금	어른 €15.00	어린이 €9.00
주소	8, Torri Gauci Str., San Pawl tat-Targa, Malta
전화번호	(+356) 7941 - 9405
홈페이지	http://www.gozoescape.com
Email	info@gozoescape.com

04. 렌터카

고조 섬에서 차를 운전하는 방법은 크게 몰타 본 섬에서 빌린 렌터카를 들어오는 방법과, 고조에서 차를 빌리는 방법으로 나뉜다. 본 섬에서 미리 렌터 한 차를 페리에 실어 오려면 약 €10 이상의 추가 요금을 내야 하기 때문에 고조 섬에서 차를 빌리는 것이 단 몇 푼이라도 절약할 수 있다. 회사에 따라 본 섬과 고조 섬에 사무실을 가진 곳이 있는데 렌터카 신청 시 미리 일정을 말하면 본 섬과 고조 섬에서 렌터카를 사용할 수 있도록 해준다. 만약 일정이 정확히 만들어져 있지 않다면 전 날이나 당일에 차를 빌려도 무방하니 크게 걱정하지 말자.

고조 대표 렌터카 리스트

엠 앤 제이 (M&J Car Rentals)

주소	Qortin Street, Nadur, Gozo-Malta
전화번호	(+356) 2156 - 2771
홈페이지	http://www.mjcarrentals.com
Email	marios@vol.net.mt

트랙 (TRAC - Trust Rent A Car)

주소	J.M. Court 3, Patri Anton Debono Street, Victoria, Gozo-Malta
전화번호	(+356) 2156 - 3021
홈페이지	http://www.tracgozo.com
Email	bookings@tracgozo.com

몰티즈가 사랑하는 휴양지
GOZO

03 몰티즈가 사랑하는 휴양지, 몰타의 자매 섬 '고조'

면적 67km², 인구 3만 명이 모여 사는 몰타의 두 번째 섬 고조는 본 섬에서 페리로 20분이면 닿을 수 있지만 몰타보다 시간이 더 느리게 가는 곳이다. 고조는 몰타 섬보다 작은 크기지만 인상적인 역사 유적지와 아름다운 자연을 지닌 섬으로 몰타 사람들뿐만 아니라 유럽 사람들에게 사랑받는 휴양지다. 게다가 세계적인 스타 안젤리나 졸리와 브래드 피트까지 애정 하는 작은 섬이기도 하다.

이곳 사람들은 몰타 사람을 일컫는 '몰티즈(Maltese)'가 아닌 고조 사람이라는 뜻의 '고지탄(Gozitan)'이라고 불린다. 그만큼 두 섬의 성격이 다르다는 것을 알 수 있는데, 몰타에 속해 있지만 몰타 본 섬과는 또 다른 문화와 색깔을 가졌다. 고조 섬은 기원전 5000년경부터 사람이 살기 시작한 곳으로 역사 깊은 유적이 섬 곳곳에 남아 있다.

아름다운 자연과 오랜 역사가 함께 살아 숨 쉬는 고조의 대표적인 관광명소로는 푸른 창을 뜻하는 아주르 윈도우와 고조의 수도인 빅토리아, 거인이 세웠다는 쥬간티야 거석 신전, 오렌지빛 모래가 반짝이는 람라 베이 등이 있다. 고조 섬은 그리스 신화에 나오는 칼립소 동굴이 있는 신화적인 장소이기도 하다. 견고한 풍경과 아름다운 해안선, 사랑스러운 경치를 보고 있노라면 왜 이곳이 아득한 신화의 배경이 되었는지 알 수 있을 것이다.

'언덕의 섬', '아주르 윈도우 섬', '초록 섬', '칼립소 섬' 등 다양한 별명을 가진 만큼 다양한 볼거리가 가득한 고조. 보통 몰타에서 고조를 찾을 경우 당일로 관광을 오는데 시간적 여유가 된다면 고조 섬에서 하룻밤 이상 묵을 것을 추천한다. 7000여 년의 세월과 역사의 흔적을 고스란히 간직한 고조 섬은 자세히, 그리고 친천히 보아야 그 매력이 보이기 때문이다. 전체적으로 낮은 언덕이 펼쳐져 있는 평화롭고 작은 섬 고조에서 시간여행을 떠나보자.

고조 통합 티켓

빅토리아 성채 박물관 입장권

빅토리아 요새 안에 있는 관광지를 입장할 수 있는 통합 티켓으로 빅토리아 요새 방문자 센터, 고조 고고학 박물관, 옛 감옥소, 고조 자연사 박물관, 그란 카스텔로 유적 건물을 입장 할 수 있다.

입장시간	월-일요일 09:00 ~ 17:00
휴관일	12월 24,25,31일 1월 1일, 성 금요일
요금	어른 (만 18-59) €5.00	청소년 (만 12-17), 경로 (만 59세 이상), 학생 €3.60
	어린이 (만 5-11) €2.50	영유아 (만 0-4) Free

샤라 입장권

샤라 지역에 있는 쥬간티아 거석신전과 타콜라 풍차 입장권

요금	어른 (만 18-59) €9.00	청소년 (만 12-17), 경로 (만 59세 이상), 학생 €7.00
	어린이 (만 6-11) €5.00	영유아 (만 0-5) Free

디스커버 고조 티켓 (Discover Gozo)

쥬간티아 신전, 타 콜라 풍차, 빅토리아 요새 방문자 센터, 고조 고고학 박물관, 옛 감옥소, 고조 자연사 박물관, 그란 카스텔로 유적 건물

요금	어른 (만 18-59) €13.00	청소년 (만 12-17), 경로 (만 59세 이상), 학생 €9.00
	어린이 (만 5-11) €7.00	영유아 (만 0-4) Free

빅토리아 Victoria

고조의 수도인 빅토리아의 원래 이름은 라밧(Rabat)이었으나 1887년, 영국정부가 빅토리아 여왕의 즉위 60주년을 기념하기 위해 마을 이름을 라밧에서 빅토리아로 바꿨다.

빅토리아에서 단연 아름다운 것은 성처럼 지어진 요새. 라임스톤으로 견고하게 쌓아 올려진 성벽은 소중한 무엇을 지키려는 듯 단단하기만 하다. 고조의 심장에 자리 잡고 있는 요새를 보면 오래되었지만 그래서 더욱 신비롭고 아름다운 고성을 보는 것 같다. 하지만 아름다운 외관과 달리 빅토리아 요새는 몰타와 고조의 아픈 역사의 흔적이다. 지리학적 위치상 지중해의 요충지였던 고조는 1964년 영국으로부터 독립하기 전까지 끊임없는 전쟁을 치러야만 했다. 성벽으로 높이 쌓아 올린 빅토리아의 요새를 보면 여러 열강의 숱한 침략에도 불구하고 고조를 지키려고 했던 강한 정신력을 이곳에서 느낄 수 있다. 우뚝 솟은 요새에 올라서면 섬 전체를 조망할 수 있으며 날씨가 맑은 날에는 이탈리아의 시칠리아 섬까지 볼 수 있다고 한다.

빅토리아에는 다양한 박물관과 유적지가 있으니 시간적 여유가 있다면 천천히 둘러볼 것을 권한다. 요새 안쪽으로는 고조 고고학 박물관, 고조 자연사 박물관, 옛 감옥소 등을 볼 수 있다.

임장시간	월-일요일 09:30 ~ 17:00
요금	무료입장
주소	Victoria, Gozo-Malta

슬렌디 Xlendi

작고 귀여운 백사장으로 이루어진 해안마을로 수영, 스노클링, 다이빙 포인트로 유명하다. 예쁜 산호초가 있는 깊은 바다에서 어른들이 해양 스포츠를 즐길 동안, 어린아이들과 노인을 위한 얕은 바다가 있어 남녀노소를 불문하고 모두가 바다를 즐기기에 완벽한 장소다.

고조의 일상적인 해안 풍경을 담고 있는 슬렌디에는 호텔과 레스토랑이 있기 때문에 유럽인들에게 휴양지로 인기가 많다. 유명 인사들 중 슬렌디에 별장을 마련해 놓고 휴가 때 마다 찾아오기도 한다. 바다 옆으로는 작은 언덕이 있는데 그 언덕을 오르면 슬렌디 전체가 한눈에 담긴다. 조용하고 작은 마을에서 여름 한나절을 보낸다면 아마 최고의 휴식이 될 것이다. 고조의 남서해안에 위치하고 있어 근처 폰타나(Fontana)나 문샤르(Munxar)로 이동하기 편리하다.

주소   Ix-Xlendi, Gozo-Malta

* 짧은 바지나 치마, 민소매 및 하이힐은 입장이 불가하다.

타 피누 바실리카 성당 Ta' Pinu Basilica

소원을 들어주는 기적의 성당으로 알려진 타 피누 성당은 19세기 한 여인이 밭일을 하던 중 성모 마리아의 '기도하라'는 음성을 들은 후 이 성당으로 달려와 어머니의 병을 고쳐 달라 빌었다고 한다. 실제로 며칠 후 어머니의 병이 기적처럼 나았고 그 후 이 성당은 기적의 성당이라는 이름을 갖게 되었다. 교회에는 기도 후 불치병을 치료한 사례들이 무수히 걸려있다. 치유의 성당이라고 불리는 타 피누 성당은, 교황으로부터 특권을 받아 일반 성당보다는 격이 높은 바실리카(Basilica) 성당에 속한다. 드넓은 벌판 위에 고결히 세워진 성당은 전설처럼 전해 내려오는 이야기처럼 내 소원도 들어줄 듯하다.

주소	Ta' Pinu Sanctuary, Ta' Pinu Road, Gharb, Gozo-Malta
전화번호	(+356) 2155 - 6187
홈페이지	http://www.tapinu.org
입장시간	월-일요일 06:30 ~ 12:15 15:30 ~ 19:00

아주르 윈도우와 블루 홀 Azure Window & Blue Hole

드웨라 베이 (Dwejra Bay)에 위치한 고조의 상징이자 랜드마크였던 '아주르 윈도우'는 푸른 창을 뜻하는 말로 뒤로 보이는 넓은 바다가 마치 창밖으로 보이는 것 같아 붙여진 이름이다. 자연적으로 생겼다고 하기엔 믿기 힘든 규모의 천연 아치형 바위와 시원하게 펼쳐진 끝없는 바다. 보는 이의 마음까지 시원하게 만들어주는 환상적인 이곳은 안타깝게도 2017년, 연일 계속된 거센 폭풍우로 인해 흔적도 없이 무너져내렸다. 다시 바다와 자연의 품으로 돌아가 버려 영영 볼 수 없게 되었지만 아직도 많은 관광객들이 끊임없이 아주르 윈도우의 빈 자리를 찾는다.

아주르 윈도우는 더 이상 예전 모습 그대로 남아 있지 않지만 바다 속에 잠듦으로써 새로운 스쿠버 다이빙 포인트가 되었으며, 크고 웅장했던 대자연의 걸작이 하룻밤 사이 거짓말처럼 사라져 버림으로써 자연의 위대함을 다시 한 번 상기할 수 있는 곳으로 바뀌었다.

무너져 내린 아주르 윈도우 바로 왼편 아래에는 바다를 향해 만들어져 있는 신비로운 동굴이 있다. 지하 암석이 용해되거나 기존의 동굴이 붕괴되면서 수중에 생기는 구멍으로, 푸른 원형의 동굴이 인상적인 '블루 홀'. 동굴 아래쪽은 바다와 연결되어 있어 전 세계 다이버들이 다이빙을 하기 위해 몰타와 고조에 방문한다. 특히 블루 홀에서 아주르 윈도우까지 가는 코스는 비교적 짧지만 많은 해저동굴들이 몰려있어 몰타의 여러 다이빙 포인트 중에서 가장 아름다운 코스로 유명하다.

주소 | Dwejra Bay, Gozo-Malta

· 2017년 전 모습

쥬간티아 신전 Ggantija Temples

몰타에 있는 거석 신전 중 그 연대가 가장 오래되고 큰 신전으로, 1980년에 유네스코 세계문화유산으로 등록되었다. 쥬간티아 거석 신전은 인류가 남긴 가장 오래된 건축물 중 하나인 이집트의 피라미드나 영국의 스톤헨지보다 무려 약 800년 앞선 BC 3200-3600년 경에 만들어졌다고 추정되고 있다. 전설에 따르면 거인들이 큰 돌을 날라 만들었다는 쥬간티아 신전(Ggantija Temples)의 이름은 몰타어로 거인을 뜻하는 'Ggant'에서 기원했다. 쥬간티아 신전이 몰타에 있는 거석 신전들과 다른 점은 신전을 보호하기 위해 외벽이 세워져 있다는 것이다. 높이 6m로 신전 전체를 둘러쌓은 외벽의 원래 크기는 16m가 넘은 것으로 추정된다. 몰타에 있는 여러 신전과 마찬가지로 무슨 목적에서 만들어졌는지 뚜렷한 이유는 아직까지 밝혀내지 못 했다. 또한 신전을 이루는 큰 돌 하나의 무게가 50톤이 넘는데, 그 옛날 제대로 된 기구 하나 없이 어떻게 돌을 운반하고 쌓았는지는 여전히 미스터리로 남아있다. 오래된 역사에도 불구하고 쥬간티아 거석 신전은 상당히 좋은 상태로 유지되어 있으니 고조에 왔다면 놓치지 말고 방문해보자.

* 입장권을 구매하면 타 콜라 풍차까지 관람할 수 있다.

주소	Xaghra, Ggantija, Gozo-Malta
전화번호	(+356) 2155 - 3194
홈페이지	http://heritagemalta.org/museums-sites/ggantija-temples
입장시간	하절기(6월~10월) 09:00 ~ 18:00 (마감 30분 전 입장가능)
	동절기(11월~5월) 09:00 ~ 17:00 (마감 30분 전 입장가능)
휴관일	1/1, 성금요일, 12/24, 12/25, 12/31
요금	**어른 €9.00	청소년,경로,학생 €7.00	어린이 €5.00	영유아** Free

타 콜라 풍차 Ta' Kola Windmill

고조에 있는 타 콜라 풍차는 기사단 기간 이래 존재하는 몇 없는 풍차 중 하나이다. 1725년에 만들어진 풍차는 과거 사람들의 전통적인 생활방식을 보여주는 곳이다. 타 콜라 풍차는 마지막 풍차 주인의 이름에서 유래되었는데 건물 1층에는 일할 때 사용하였던 기구들을 볼 수 있으며, 2층은 풍차 주인과 그의 가족들이 생활한 공간으로 당시 사용한 전통적인 가구와 생활용품을 볼 수 있다.

주소	Bambina Street, Xaghra, Gozo-Malta
전화번호	(+356) 2156 - 1071
홈페이지	http://heritagemalta.org/museums-sites/ta-kola-windmill
입장시간	**월-일요일** 09:00 ~ 17:00 (마지막 입장 16:30)
휴관일	1/1, 성금요일, 12/24, 12/25, 12/31

위에니 베이 천일염전 Xweini Bay Salt Pans

고조 북쪽에 위치한 이곳은 바다의 금인 소금을 만들어 내는 염전이다. 350년이 넘는 오랜 세월 밀려들었던 바닷물은 사각 틀에 고였고, 지중해의 뜨거운 태양과 청량한 바람이 자연스럽게 소금을 만들어 냈다. 전통적인 소금 생산 방식을 고수하고 있는 고조 사람들은 아직도 여름이 되면 부지런히 소금 결정을 긁어모은다. 그 무엇도 더하거나 빼지 않고 자연이 주는 그대로를 받아들이며 살아간 고조 사람들의 따뜻한 모습을 볼 수 있는 곳으로 색다른 풍경을 선사한다.

주소　　Xweini Bay Salt Pans, Marsalforn, Gozo-Malta

람라 베이 Ramla Bay

고조에서 가장 아름다운 해변 람라 베이는 붉은 오렌지빛 모래와 청록색의 맑은 바다가 대조를 이루며 아름답게 빛나는 곳이다. 유럽에서 훌륭한 해변 중 하나로 알려진 람라 베이는 여름이 되면 넓게 펼쳐진 붉은 모래 위로 햇볕을 즐기려는 사람들과 투명하고 맑은 바닷물에서 스노클링 하는 사람들로 가득하다. 해안 근처로 몇 개의 레스토랑과 편의점이 있지만 그 주위로는 그저 광활한 자연만이 존재한다.

주소　　Ramla Bay, Marsalforn, Gozo-Malta

칼립소 동굴 Calypso Cave

칼립소는 전설의 섬 오기기아에 살았던 신화적 인물이다. 트로이 전쟁이 끝난 후 귀향길에 오른 오디세우스가 강풍을 만나 표류하다 홀로 이 섬에 도착하였다고 한다. 칼립소는 오디세우스를 사랑하여 7년 동안 놓아주지 않고 동굴에서 오디세우스를 극진히 모셨지만 두고 온 가족들을 그리워한 오디세우스는 제우스와 헤르메스의 도움으로 뗏목을 만들어 고향으로 돌아갔다.

람라 베이에서 조금 떨어진 곳에는 그리스 신화에서 칼립소가 오디세우스를 잡아둔 동굴이 존재한다. 동굴 안쪽으로 들어갈 수는 없지만 신화적 장소에 있다는 것만으로도 신비롭고 놀랍기만 하다. 이곳에서 바라보는 람라 베이는 형언할 수 없는 아름다운 전경을 선사하는데, 이 풍경을 보고 있으면 왜 이곳이 신화적 장소의 배경이 되었는지 알 것만 같다.

주소   Calypso Cave, Marsalforn, Gozo-Malta

타 카롤리나 Ta' Karolina

유럽여행 중 한 번쯤 즐겨 보고 싶은 노천 테이블에서의 식사를 완벽하게 즐길 수 있는 식당이다. 슬렌디 해변에 바로 위치한 노천 테이블은 밤이 되면 은은한 조명과 함께 운치를 더한다. 다양한 종류의 요리를 파는 곳으로 몰타 사람들이 즐겨 먹는 생선 람부끼(Lampuki) 스테이크가 유명하다. 토마토소스에 홍합을 가득 넣은 요리는 색다르지만 우리 입맛에도 친숙하다. 철썩거리는 파도소리와 함께 로맨틱한 식사를 즐길 수 있는 식당이다.

주소	Triq L-Ghar ta Karolina, Munxar, Ix-Xlendi, Gozo-Malta
전화번호	(+356) 2155 - 9675
홈페이지	https://karolinarestaurant.com/
Email	info@karolinarestaurant.com
영업시간	월-일요일 12:00 ~ 15:00	18:30 ~ 23:00

더 보트 하우스 The Boat House

타 카롤리나 식당과 사이좋게 붙어있는 식당. 맛있는 지중해식 요리와 해산물 요리로 여행객들 사이에 소문이 자자하며 화려한 수성 경력이 이 가게의 맛을 입증해주고 있다. 싱싱한 해산물을 비롯해 로브스터도 판매하고 있으며 부드럽게 조리된 한치를 세 가지 맛으로 요리한 음식이 이 곳의 인기 메뉴다. 친절한 직원들과 섬세한 플레이팅으로 마치 특별한 손님이 된 것 같은 좋은 기분을 느낄 수 있다.

주소	The Boat House, Restaurant, Xatt ix-Xlendi, Gozo-Malta
전화번호	(+356) 2156 - 9153
홈페이지	http://www.theboathousegozo.com
Email	info@theboathousegozo.com
영업시간	월-일요일 12:00 ~ 15:30	18:00 ~ 22:00

말도나도 비스트로 Maldonado Bistro

식당을 찾기 위해 빅토리아의 좁은 골목길을 여행해야 하지만 충분히 그럴만한 가치가 있는 곳이다. 몰타 전통음식을 비롯하여 피자, 파스타, 스테이크, 샐러드 등 다양한 종류의 음식을 제공하니 입맛 따라 취향 따라 음식을 골라 먹으면 된다.

주소	18 Mons, Vella street, Victoria, Gozo-Malta
전화번호	(+356) 9901 - 9270
홈페이지	http://www.maldonado.com.mt
Email	info@maldonado.com.mt
영업시간	**월-금요일** 18:30 ~ 23:30
	토-일요일 11:30 ~ 15:00 / 18:30 ~ 23:30

카페 쥬빌리 Cafe Jubilee

고조의 빅토리아 본점이 있는 카페 쥬빌리는 발레타와 그지라에 분점을 두고 있다. 몰타 사람들이 사랑하는 곳으로 부담 없이 몰타 가정식을 먹을 수 있으며, 아침 식사하기 어려운 몰타에서 저렴한 가격으로 맛있는 아침을 즐길 수 있다. 세 지점이 비슷한 듯 다르니 비교해서 가보는 것도 재밌다. 이곳의 클럽 샌드위치는 고소하게 구운 빵 사이로 베이컨, 계란, 치킨, 채소 등 다양한 재료들이 속을 가득 채우고 있다. 내부는 크지 않지만 아늑하고 독특한 실내 인테리어 덕분에 영화 속 한 장면에 내가 있는 것 같은 착각을 준다. 이 카페에서는 특이하게 레몬오일을 제공해주는데 바로 옆에 위치한 상점에서 레몬오일을 구매할 수 있다.

주소	8, Indipendence Square, Victoria, Gozo-Malta
전화번호	(+356) 2155 - 8921
홈페이지	http://www.cafejubilee.com
Email	info@ cafejubilee.com
영업시간	**월-일요일** 08:00 ~ 15:00 / 18:00 ~ 22:00

STEP 03. 코미노 섬 볼거리

01 코미노 섬 가는 법

01. 페리 이용하기

코미노 섬으로 가는 방법 중 가장 대중적인 방법. 코미노 섬으로 가는 법은 크게 몰타 치케와 (Cirkewwa)항에서 가는 것과 고조 섬의 임자르(Mgarr)항에서 출발하는 것이 있다. 코미노는 몰타와 고조 사이에 있기 때문에 어느 곳에서 출발하든 대략 20분 정도의 시간이 소요된다. 구매한 티켓은 돌아올 때 다시 사용해야 하기 때문에 분실하지 않도록 주의해야 한다.

물놀이 말고는 할 게 없는 곳이라 수온이 낮아지는 겨울철에는 개방하지 않기 때문에 코미노 블루 라군 행 페리는 5월 1일부터 10월 31일까지만 운행된다. 단 정규 페리만 운항하지 않을 뿐 사설 업체에서는 겨울에도 코미노 행 보트를 운항하니 걱정하지 말자. 항구 근처로 가면 코미노행 보트를 쉽게 발견할 수 있다. 만약 고조에서 보트를 탈 경우 다시 고조로 돌아가는 것과 코미노에서 몰타 섬으로 가는 것이 나누어져 있으니 타기 전 미리 확인하자.

코미노 행 페리 리스트

코미노 페리 (Comino Ferries)

운행구간	몰타 치케와 - 코미노
운행시간	09:00 ~ 16:30 (좀 더 자세한 운행정보 : http://www.cominoferries.com/schedule.html)
왕복요금	**어른** € 13.00 | **어린이** (만 5-12) € 5.00 | **영유아** (만 5세이하) Free
전화번호	(+356) 9940 - 6529
홈페이지	http://www.cominoferries.com
Email	info@cominoferries.com

앱슨스 (Ebsons Comino Ferries)

운행구간	몰타 치케와 - 코미노 / 고조 임자르 - 코미노
운행시간	08:00 ~ 18:00 (좀 더 자세한 운행정보 : http://www.cominoferryservice.com/index.html)
왕복요금	**어른** € 13.00 | **어린이** (만 5-10) € 6.50 | **영유아** (만 5세이하) Free
전화번호	(+356) 7920-4014
홈페이지	http://www.cominoferryservice.com
Email	ebscruises@onvol.net

02. 투어 보트 이용하기

고조행 페리와 마찬가지로 슬리에마 페리 선착장에서 코미노행 배를 탈 수 있다. 슬리에마 페리 선착장으로 가면 길을 따라 페리 회사별로 부스가 설치되어 있는데 투어 보트 가격은 보통 €25-30 이다. 주로 오전 10시부터 운행을 시작하고 오후 4시에 종료되며 슬리에마에서 코미노 섬까지 대략 1시간 정도의 시간이 소요된다. 작은 배로 움직이기 때문에 날씨에 따라 결항될 수 있으며 가격과 시간은 회사별로 각각 다르니 현장에서 확인하자.

02 유럽인의 신혼여행지, 에메랄드빛 바다가 반짝이는 지상낙원 '코미노 섬'

몰타와 고조 사이에 위치한 코미노는 유럽인이 신혼여행지로 오고 싶어 하는 베스트 여행지다. '블루 라군'과 '트로이' 등 영화 촬영지가 될 만큼 아름다운 코미노 섬은 맑고 투명한 바다를 자랑한다. 몰타 여행을 가장 들뜨게 만드는 것은 작은 코미노 섬에 있는 블루 라군(Blue Lagoon)이 아닐까 감히 짐작해 본다. 눈부시게 아름다운 에메랄드빛 지중해와 마주하고, 지상낙원과 같은 그곳에서 잠시 모든 걸 내려놓고 싶은 마음은 누구나 똑같을 테니 말이다. 이곳에서는 누구나 평등하게 투명하리만치 맑은 바다를 나누고 휴식을 공유할 수 있다. 세상에 아름다운 파란색은 모두 뿌려놓은 듯한 바다와 마주하는 순간, 모든 근심과 걱정이 사르륵 녹아내리는 마법 같은 그 곳. 몰타의 작은 섬 코미노로 떠나보자.

유럽인의 신혼여행지
COMINO

코미노 섬, 완벽 즐기기 준비물

구명조끼와 튜브, 물놀이 기구

코미노 블루 라군은 깨끗하고 맑은 물과 고운 모래로 되어있어 수영을 즐기기에 안성맞춤이다. 하지만 생각보다 수심이 깊기 때문에 수영을 못하는 사람들은 튜브나 구명조끼 같은 보조기구가 반드시 필요하다. 수영을 잘 하는 유럽 사람들에겐 튜브는 필요 없기 때문에 해수욕을 즐길 수 있는 근처에서는 주로 유아용이나 부피가 큰 튜브를 판매한다. 구명조끼와 튜브가 필요하다면 시내에서 미리 구입하는 게 좋다. 코미노 블루 라군은 파도가 없고 잔잔하기 때문에 보트를 띄어 놓고 유유자적 떠다니는 것을 추천!

수영을 못한다면 꼭 가져가세요

스노클링 장비

코미노 섬에서도 스노클링 장비를 판매하지만 직접 가지고 오거나 몰타 시내에서 구입하는 것이 더 저렴하다. 물이 맑고 파도가 없어 스노클링 하기에 좋지만 산호초가 없는 고운 모랫바닥이라 가끔 나타나는 물고기만 구경할 수 있다.

다이빙 장비

스킨스쿠버를 즐기는 사람이라면 코미노 다이빙 포인트를 추천한다. 코미노 바다 아래에는 몰타의 해안경비선으로 운항하고 수명이 다하자 다이빙 명소를 만들기 위해 2009년에 수장 시킨 난파선이 있다. 코미노 섬에 다이빙 장비를 별도로 빌려주는 가게가 없기 때문에 몰타나 고조에 있는 다이빙 전문 업체에서 장비를 빌리거나 따로 준비해와야 한다.

마음놓고 사진 찍으려면 방수팩은 필수!

방수 팩, 방수 카메라

투명에 가까운 맑은 바닷물이라 사진을 찍어도 깨끗하게 나온다. 평소 파도가 높고 물살이 거친 한국에서 시도하지 못 했던 수중사진을 찍기 가장 좋은 장소. 방수 팩은 미리 한국에서 구입해 가는 것이 현명하다. 몰타 시내에서도 판매하나 같은 가격이면 한국에서 더 좋은 물품을 구매할 수 있기 때문! 잔잔한 코미노에서 재미있는 수중사진을 찍어보자.

돗자리와 선크림

코미노 섬에서 선베드와 파라솔을 대여할 수 있지만 개수가 제한되어 있기 때문에 여분이 없으면 근처 바위에 자리를 잡아야 한다. 코미노는 그늘을 찾아 볼 수 없는 락 비치로 단단한 바닥에서 편히 쉴 수 있는 돗자리와 강한 햇빛으로부터 피부를 지켜줄 선크림은 필수이다.

여유롭게 읽을 책

지중해를 바라보며
책보다가
잠드는 호사를...

물놀이 외엔 딱히 할게 없는 곳이므로 수영을 싫어하는 사람은 책 한 권을 챙겨가길 바란다. 사람 구경만 해도 재미있지만 눈 부신 바다를 바라보며 평소 좋아하는 책을 읽는 즐거움은 아는 사람은 다 알 터! 책을 읽다 졸리면 낮잠도 자고, 평소 누리지 못 했던 여유로움을 있는 힘껏 부려보자.

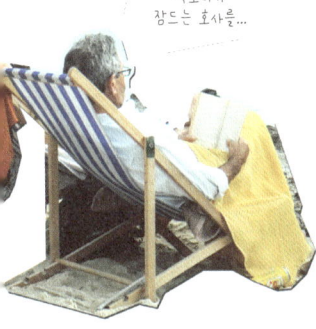

간단한 식 음료

코미노 섬은 특이하게도 여름 시즌에만 개방되는 곳으로 성수기인 여름이 되면 간단한 음식과 음료를 살 수 있는 편의시설도 영업을 한다. 대부분 햄버거, 샌드위치, 핫도그, 피자 등으로 식사대용인 음식이다. 자신이 먹을 간단한 간식이나 과일 정도는 챙겨가는 게 좋다.

Tip 코미노 섬 주의사항

1. 코미노 섬은 여름 시즌인 5월 1일부터 10월 31일까지만 개방한다. 그 외의 기간에는 작은 보트를 빌려 찾아갈 수 있으나 겨울 시즌에는 편의시설을 따로 운영하지 않는다.

2. 돌아갈 페리 시간을 잘 확인해야 한다. 사람들이 몰리는 오후 5시쯤에는 기다리다 못 탈 수도 있으니 미리 확인하는 것이 좋다. 코미노로 들어올 때 구매한 표는 나갈 때 다시 사용해야 하기 때문에 분실하지 않도록 유의한다.

3. 코미노에 물품을 보관할 수 있는 락커룸이 있지만 개수가 제한적이라 많이 사용하는 편은 아니다. 보통 자리잡은 곳 근처에 짐을 두고 수영을 하고 오는데 누가 훔쳐 갈 염려는 하지 않아도 좋다. 다만 견물생심이니 비싼 카메라나 현금 등은 보이지 않게 가방 깊숙이 숨겨두도록 하자

인터뷰
INTERVIEW

몰타 현지인 / 한국어 열매 먹음
웨인 (Wayne)

Q. 간단한 소개 부탁드릴게요.

A. 안녕하세요 웨인입니다. 몰타 사람이에요. 몇 년 동안 한국어 공부하면서 몰타에 어학연수 온 한국 친구들을 사귀고 있어요. 지금은 돈 벌기 위해 열심히 몰타에서 일하고 있어요.

Q. 한국은 어떻게 알게 되었고, 한국어는 어떻게 공부했어요?

A. 처음 한국을 알게 된 건 게임 때문이에요. 한참 스타크래프트에 빠져있었는데 (제가 몰타에선 1등이었어요.) 상위 랭킹은 모조리 한국인이 차지하고 있더라고요. 그때 한국에 대한 궁금증이 생기기 시작했어요! 한국어는 혼자서 배웠어요. 주로 인터넷에서 자료를 찾아서 공부했는데 지금은 한국인 친구들도 많이 사귀어서 친구들이랑 대화하며 많이 배우는 것 같아요.

Q. 몰타 자랑해주세요! 몰타, 무엇이 좋아요?

A. 몰타에서는 아름다운 바다를 어디서든지 볼 수 있어요. 다른 하나는 생활비가 적게 드는 거! 영국, 프랑스, 핀란드는 다 비싸더라고요. 다른 유럽 국가 비교했을 때 물가가 저렴해서 좋아요. 그리고 날씨가 좋아요. 우리나라에서는 1년 365일 중에 300일이 화창하다는 말을 하기도 해요.

Q. 한국 사람들에게 추천하고 싶은 곳이 있다면?

A. 저는 발레타가 좋아요. 발레타에서 바라보는 바다도 너무 예쁘고, 도시 전체가 유네스코에 지정될 만큼 역사적으로도 의미 있는 곳이니까요. 몰타의 옛 모습을 간직한 임디나도 좋고, 몰타에는 아름다운 해변도 많아요. 몰타와는 또 다른 느낌의 고조와 코미노도 추천해주고 싶어요.

Q. 몰타에 토끼고기 말고 다른 전통음식이 있다면 알려줄래요?

A. 말고기도 많이 먹어요. 다른 음식으로는 파스티찌(Pastizzi)라는 작은 빵이 있는데 진짜 싸고 맛있어요. 페이스트리 빵 안에 리코타 치즈나 으깬 콩을 넣어 만든 빵이에요. 호주에서도 파스티찌를 파는데, 80년대 몰타 사람들이 호주로 가서 팔기 시작했는데 싸고 맛있으니까 호주에서도 인기가 많대요.

Q. 웨인은 한국이 왜 좋아요?

A. 이유는 많지만 그 중 가장 좋은 이유는 한국 친구들 때문이에요. 몰타에서 친해진 한국 사람들이랑 계속해서 잘 지내고 싶은 마음이 가장 커요. 음… 친구들 말고는, 몰타랑 한국이랑은 완전히 다른 점이 좋아요. 몰타엔 산이나 강이 없고 도로도 좁은데 한국엔 큰 한강도 있고 대로랑 높은 건물도 많아서 신기해요.

몰타에서 영어공부 Part 3

01 몰타로 어학연수를 떠나는 이유
02 몰타비자
03 몰타로 어학연수 가기
04 연계 어학연수
05 몰타 현지생활 노하우

1. 몰타로 어학연수를 떠나는 이유

누구나 한 번쯤은 어학연수나 유럽여행을 꿈꿔봤을 것이다. 마음 같아선 어학연수와 해외여행 모두 하고 싶지만 부담스러운 가격 때문에 늘 한 가지를 포기해야만 했다. 유럽에 속해있는 작은 섬나라 몰타는 어학연수와 유럽여행이라는 토끼 두 마리를 잡을 수 있는 곳이다. 오랜 시간 동안 영국의 지배하에 있었던 몰타는 몰타어와 영국식 영어를 사용하는 영어권 국가로, 아직 한국인에게는 많이 알려져 있지 않아 생소한 곳이지만 어학연수를 준비하는 학생들 사이에서 점차 입소문이 나고 있다. 근 몇 년간 한국인들에게 어학연수지로 끊임없이 사랑받았던 필리핀은 한국인지 필리핀인지 구별할 수 없는 편중된 국적 비율과 불안한 치안으로 인기가 점차 식고 있다. 미국, 캐나다, 영국과 같은 영어권 국가 또한 어학연수의 성지이지만 비싼 물가와 어학연수 비용이 부담스럽기만 하다.

몰타는 필리핀 어학연수와 비슷한 가격으로 유럽에서 영어 공부를 할 수 있다는 큰 매력을 가진 나라일 뿐만 아니라 여름이 되면 휴가와 연수를 병행한 유럽 각국의 학생이 모여 다양한 국적의 친구를 사귈 수도 있다. 치안도 안전하고 주변국으로 여행하기 좋아 안다는 사람만 온다는 몰타 어학연수. 그 속을 자세히 살펴보자.

몰타 어학연수, 장점과 단점

몰타어학연수의 장점
1. 164년 동안 영국의 지배를 받은 몰타는 영어를 공용어로 쓰는 국가다.
2. 90일간 무비자로 체류가 가능하다.
3. 동절기 최저 기온은 12도로 연중 온화하고 따뜻한 기후로 지내기 좋다.
4. 한국인에겐 아직 알려지지 않은 어학연수지로 한국인 비율이 낮고 다양한 국적의 친구들을 사귈 수 있다.
5. 치안이 한국만큼 좋다.
6. 주변 유럽 국가로 여행하기가 편리하다.
7. 유럽의 영어권 국가 중 어학연수 비용과 생활비가 가장 저렴하다.

몰타어학연수의 단점
1. 어학연수 프로그램이 다양하지 않다.
2. 성수기 시즌 단기로 오는 유럽 학생들 때문에 수업이 산만해질 수 있다.
3. 한국인 비율은 적으나 수준이 비슷해 같은 레벨에 편중될 수 있다.
4. 기숙사 생활이 가능하나 식사와 빨래는 본인이 해결해야 한다.
5. 자유로운 분위기에서 공부하기 때문에 의지가 약하면 영어공부가 힘들다.

인터뷰
INTERVIEW

몰타 어학연수 생 / 현재 어학연수 중 / 연수 기간 : 6개월

유수미 (Sumi You)

Q. 간단한 소개 부탁드릴게요. 몰타 온지는 얼마나 되셨나요?

A. 지금 대학 1년을 남겨둔 유수미입니다. 현재는 휴학 상태고요. 몰타에 온 지는 5개월이 넘어서 이제 한 달 뒤면 한국으로 돌아가요.

Q. 몰타는 어떻게 알고 오게 되었나요?

A. 어학연수도 하고 싶고 여행도 하고 싶었어요. 어떻게 하면 두 마리 토끼를 동시에 잡을 수 있을까 고민을 많이 했었어요. 처음에는 캐나다와 아일랜드 어학연수를 생각했었는데 친구가 '몰타'라는 나라를 알려줬어요. 인터넷에 찾아보니 생각보다 괜찮은 것 같아서 오게 되었어요.

Q. '괜찮다'라고 생각하게 된 결정적인 이유가 무엇인가요?

A. 위치와 가격. 이 두 가지가 가장 마음에 들었어요. 유럽에 있으니 여행하기도 좋을 거라 생각했고, 어학연수 비용도 생각보다 부담스럽지 않았어요. 따지고 보니 서울에서 자취하며 유명한 학원을 다니는 것보다 저렴하더라고요.

Q. 몰타 생활하면서 힘든 점이 있다면?

A. 저는 하나도 없는 것 같아요. 가끔 주변을 보면 '몰타 지겹다'라고 말하는 분들도 계신데 저는 정말 한 번도 그런 생각을 해 본 적이 없어요. 본인이 활동적이고 적극적으로만 생활한다면 지겨울 일이 전혀 없는 것 같아요.

Q. 몰타에서 영어 공부하는 거 어떠세요?

A. 제가 몰타에 오기 전에 회화학원을 다녔었는데, 배우고 알아도 실제로 어떻게 영어로 의사소통을 하고 생활을 하는지 감이 안 오더라고요. 그런 경험을 할 수 있어서 정말 좋은 것 같아요.

Q. 외국인 친구들은 많이 사귀었나요? 외국인 친구들과 친해지는 비법이 있다면?

A. 제 생각엔 많이 사귄 것 같아요. 지금도 학원에서 친한 애들은 다 외국인 친구들이에요. 외국인 친구들이 아시아에서 온 애들 보고 '부끄럼이 많다'라고 많이들 말해요. 제가 봐도 한국 사람을 포함해서 아시아 사람들이 좀 소극적인 것 같아요. 몰타에 온 만큼 적극적으로 다가간다면 외국인 친구들을 사귀는데 아무런 문제가 없을 것 같아요. 저는 외국인 친구들이 같이 하자고 제안하면 무조건 'OK'이라고 했었어요. 아, 그리고 가장 중요한 건 문화가 다른 만큼 서로 이해해줘야 하는 부분도 많은 것 같아요.

Q. 몰타에서 영어공부는 어떻게 하시고 계신가요?

A. 몰타에서는 애들이랑 이야기하고 노는 것 자체가 영어공부인 것 같아요. 같이 밥을 먹고 어딜 가는 것도 다 영어로 이야기를 해야 하니까요. 그리고 수업은 무슨 일이 있어도 빠지지 않았어요. 학원에서 수업도 열심히 듣고, 선생님이 말씀하실 때 억양도 유심히 들으면서 따라 하려고 많이 노력하고 있어요.

Q. 몰타 어학연수를 준비하는 사람들에게 해주고 싶은 말이 있다면?

A. 어학연수 오기 전에 인터넷에 찾아보면 '하기 나름'이라는 말을 많이 봤어요. 저도 그때까지만 해도 그 말이 감이 잘 안 왔는데, 정말 몰타에서는 본인 하기 나름인 것 같아요. 같은 시기에 같은 어학원을 다니고 있어도 누구는 '몰타 지겹다'라고 말하는데, 저는 전혀 그렇지 않거든요. 몰타에 오시면 정말 다양한 경험을 할 수 있는 기회가 많아요. 마음을 열고 조금만 용기를 내시면 멋신 경험을 하실 수 있을 것 같습니다.

2. 몰타 비자

✷ 몰타 비자의 종류

1. 무비자

90일 미만은 별도의 비자 없이 무비자로 체류 가능하며 학생으로 몰타에 머물면서 체류 일정이 91일을 초과한다면 반드시 체류비자(학생비자)를 신청해야 한다.

2. 학생비자 및 유학비자

기본적으로 학생비자는 수업을 신청한 만큼 받을 수 있다. 학원에 따라 수업을 등록한 주수에 따라 방학이 주어지는데 이때는 방학을 포함한 날짜와 수업을 등록한 날짜의 합 만큼 비자를 받아야 한다. 비자는 몰타 현지에서 신청하여 받을 수 있으며 보통 4주정도의 시간이 소요된다. 학생비자와 동일한 부분이 많은 조기유학은 자녀 입학허가서 및 거주지 증명서, 영문 보험증명서 등이 필요하다. 경우에 따라서 다른 서류가 필요하기도 하니 출국 전 자세히 살펴보자.

3. 취업비자

기본적인 신상 부분 외 고용주의 레터와 평가가 필요하다. 보통 몰타 입국 전 취업이 완료된 상태에서 발급이 가능한데 이 과정에서 전문가나 변호사의 도움이 필요하므로 수수료와 대행료가 발생할 수 있다.

한국에서 넉넉하게 준비해 가세요~!

✷ 몰타에서 학생비자 발급받기

1. 비자 연장 시 필요한 서류

입학허가서(스쿨레터), 숙소 확인서(기숙사 혹은 집 계약서), 여권 사본(전체), 영문 보험증명서, 영문 잔고 증명서, 몰타에서 현금 출금이 가능한 카드 복사 본 및 출금 영수증, 항공권 사본, 여권 사진, 여권

* 정규학교 입학(조기유학) 비자와 관련해서는 추가적인 서류가 필요하니 학교나 에이전시를 통해 확인하자.

2. 한국에서 챙겨가자

- **여권 사본** : 유효기간이 수업 종료일을 기준으로 유효기간이 6개월 이상 남은 것으로 준비한다.
- **여권용 사진** : 여권 내 사진과 같을 필요는 없다. 현재 모습과 가장 비슷한 최근 사진을 준비해 가도록 하자. 몰타에 있는 사진관에서 직접 촬영해도 되지만 번거로움을 피하기 위해서 미리 준비해 가자.
- **영문 보험 증명서** : 비자를 발급 받기 위해서는 책임, 질병, 사고 보장이 각 3만유로 이상인 조건으로 보험을 가입해야 한다. 출국 전 보험회사를 유학생 보험에 가입한 뒤 영문 보험증명서를 보내달라고 요청하자. 이때 통화는 유로화로 표기하는 것이 좋다.

- **영문 잔고 증명서** : 되도록 몰타에서 사용할 체크카드와 연결되어 있는 계좌로 발급받는 것이 좋다. 은행 잔고 증명서의 유효기간은 발급일로부터 1개월 이내이므로 출국 직전 하는 것이 바람직하다. 반드시 영문으로 발급받아야 하며, 유로화로 표기되어 있어야 한다. 체류 기간을 하루당 약 50유로(숙소 확인서 미 제출 시) 또는 27유(숙소 확인서 제출 시)로 계산된 금액 이상의 잔고가 있어야 한다. 본인 명의가 아닐 경우 가족명의로 발급이 가능하나 영문 주민등록등본과 같은 가족임을 증명해야 할 서류가 필요하니 가급적 학생 본인 명의의 은행 잔고 증명서를 준비하자.
- **항공권 사본** : 귀국 일이 명시된 전자 항공권인 이 티켓(e-ticket) 사본을 제출해야 한다. 이때 항공권은 방학을 합산한 수업일정을 기준으로 주말(토/일)에 몰타에서 EU 국가가 아닌 나라로 아웃 하는 일정이어야 한다.
- **몰타에서 현금 출금이 가능한 체크카드** : 본인 명의로 된 해외 사용이 가능한 체크카드를 한국에서 미리 발급받아야 한다. 보통 VISA나 MASTER로 발급받아 가면 된다. 출금 수수료는 은행마다 다르니 사전에 자세히 알아보는 것이 좋다.

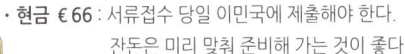

현금 €66 필요해요!

3. 몰타에서 준비하자

- **여권 사본(전체)** : EU 국가 입국 도장이 찍혀 있는 전체 사본을 제출해야 함으로 몰타에 입국 후 준비하는 것이 좋다. 보통 어학원에서 여권 복사 서비스를 유료로 진행해준다.
- **입학허가서 (School Letter)** : 학비 납부가 완료되고 나면 학교 혹은 학원으로부터 발행된다. 입국 전 받는 입학허가서의 경우 본인이 등록한 수업만큼만 발행되는 경우가 많다. 방학이 포함되어 발행되는 스쿨레터는 현지에서 비자신청 전 어학원에서 따로 준비 해준다. 비자 기간은 입학허가서상 학업 만료일까지 주어지기 때문에 입학허가서에 학업기간이 방학을 포함했는지 반드시 확인해야 한다.
- **비자 신청서** : 비자 신청서는 이민국 홈페이지나 등록 학교 및 학원을 통해서 받을 수 있다.
- **숙소 확인서** : 해당 내용이 입학허가서에 명시가 되어있다면 별도로 준비할 필요가 없다. 만약 외부 숙소에서 생활하고 있다면 영문으로 된 숙소 계약서를 제출해야 한다. 방학을 신청하였다면 숙소 역시 방학을 포함한 날짜까지 계약이 되어 있어야 한다.
- **출금 영수증** : 한국에서 미리 발급받아 온 체크카드를 이용하여 몰타 현지에서 현금 인출한 영수증을 카드 사본과 함께 제출해야 한다. 출금 금액은 정해져 있지 않으나 30유로 이상이 적당하다.
- **현금 €66** : 서류접수 당일 이민국에 제출해야 한다. 잔돈은 미리 맞춰 준비해 가는 것이 좋다.

2. 몰타 비자

✱ 몰타 학생비자 신청하기

몰타에 도착 후 6주가 지나기 전 비자를 신청하는 것이 좋다. 비자를 신청 후 발급까지 보통 4주의 시간이 소요되며, 비자신청 시 여권을 제출해야 하기 때문에 그 동안 여행을 할 수 없다. 학생비자 신청 시 출석률을 중요시 여기기 때문에 지나친 결석이나 지각은 하지 않는다. 출석률이 낮을 경우 비자 신청이 거절 당할 수 있으며 비자를 받더라도 취소 될 수 있음을 명심하자.

비자 신청을 하기 위해서는 몰타 이민국에 직접 방문해야 한다. 대부분 현지 학교나 학원에서 안내를 해주니 걱정하지 말자. 비자 신청 방법이 어렵지 않아 서류만 잘 챙겨간다면 문제없다. 보통 학교나 학원에 비자 신청 서류가 구비되어 있기 때문에 개인적으로 서류를 작성한 다음 이민국을 방문한다.

비자센터 or 이민국 방문

몰타 어학연수의 경우 발레타 초입부에 위치해 있는 비자센터를 방문하여 비자를 신청한다. 일반 어학원에서 연수가 아닌 정규학교 입학(조기유학)의 경우 발레타 내 위치한 이민국에 비자신청을 해야 한다.

비자센터에서 학생비자를 신청 할 경우 매주 월요일부터 금요일 09:00~14:00시 사이에만 가능하다. 성수기 시즌에는 비자 신청하려는 사람들이 많으니 부지런히 움직이는 게 좋다. 비자 신청에 필요한 수수료를 지불해야 하니 66 유로를 미리 챙겨가자. 모든 절차를 끝내고 나면 비자가 발급 된 여권 수령 일을 알려주니 수령 일에 맞춰 다시 재방문 하면 된다.

비자 센터 (Central VISA Unit)

주소	Central Visa Unit, St. Calcedonius Square, Il-Furjana, Malta.
전화번호	(+356) 2590 - 4550
홈페이지	https://identitymalta.com
Email	visa.ima@gov.mt
근무시간	월~ 금요일 09:00 ~14:00

발레타 이민국 (Citizenship & Expatriates Affairs)

주소	Evans Building, St Elomo's place, Valletta, Malta.
전화번호	(+356) 2590 - 4800
홈페이지	https://identitymalta.com
Email	citizenship@gov.mt
근무시간	**월-목요일** 동절기 (10월1일 - 6월 15일) 08:00 ~ 12:00 ǀ 13:15 ~ 14:30 하절기 (6월 16일 - 9월 30일) 08:00 ~12:00
휴관일	매주 금,토,일요일, 국가 공휴일

인터뷰
INTERVIEW

몰타 어학연수 생 / 연수 기간 : 6개월

심민현 (Min-hyun Sim)

Q. 몰타 오신지는 얼마나 되셨나요?
A. 현재 3개월 정도 된 것 같네요. 근데 저는 1년 반 전에 몰타에 한번 왔었어요. 지금이 두 번째죠.

Q. 다시 몰타로 오신 특별한 이유가 있나요
A. 처음 몰타로 어학연수를 왔을 땐 2개월 과정으로 왔었어요. 그때만 해도 몰타에서 보내는 시간이 좋은지 몰랐는데 막상 한국으로 돌아가니 몰타의 햇살과 여유로운 사람들, 그런 시간들이 너무 생각나더라고요. 마침 좋은 기회가 생겨서 다시 몰타로 오게 되었어요.

Q. 몰타에 있으면서 불편하거나 힘든 점이 있다면 말씀해주시겠어요
A. 제가 7월에 몰타에 왔었는데 너무 더워서 고생했던 기억이 나네요. 태어나서 그렇게 더운 건 처음 느껴봤어요. 적응되니 괜찮아졌는데 처음엔 무척 힘들었어요. 알고 봤더니 이상기후로 올해가 몰타에서 가장 더웠던 해라고 하더라고요. 또 아무래도 한국 사람이다 보니 음식이 가장 힘든 것 같아요.

Q. 반대로 몰타에 있으면서 좋은 점이 있다면 무엇이 있을까요?
A. 아무래도 남자들은 축구 경기를 많이 보게 되는데, 한국에서는 중계를 안 해주는 경기도 쉽게 볼 수 있어서 좋은 것 같아요. 몰타에서는 시차도 맞으니 새벽까지 기다려서 경기를 볼 필요도 없고, 원한다면 직접 경기를 관람하러 갈 수도 있잖아요. 몰타가 유럽에 있다 보니 그런 점이 좋은 것 같아요.

Q. 몰타에서 영어 공부하시는 건 어떠세요?
A. 주변에 열심히 하는 한국인들 보면은 확실히 실력이 빨리 느는 것 같아요. 어학연수 비용이 필리핀이랑 비슷한 걸로 아는데, 제 개인적인 생각에는 필리핀보단 몰타가 나을 것 같아요. 일단 치안도 너무 좋고요!

Q. 몰타에서 인종 차별을 당하신 경험이 있으신가요?
A. 아니요 없는 것 같아요. 굳이 있다면 '중국인(Chinese)'이라고 물어보는 정도? 근데 이건 인종차별이라기보단 유럽 사람들이 아직까진 한국을 잘 몰라서 그런 것 같아요.

Q. 몰타 여행은 많이 하셨어요? 몰타에서 어디 가 제일 좋으세요?
A. 나름 많이 한 것 같아요. 저는 발레타가 제일 좋은 것 같아요. 그 다음으론 딩글리 절벽! 가기는 어렵지만 가면 정말 좋은 곳이에요.

3. 몰타로 어학연수 가기

✻ 어학원 선택, 어느 곳이 좋을까?

수많은 어학연수 국가 중 겨우 몰타라는 나라를 알고 선택했지만 산 넘어 산이라고 이제는 어학원 선택이 괴롭힌다. 몰타에는 대략 50여 개가 넘는 어학원이 있는데 가본 적도 없는 많고 많은 어학원 중 어디를 갈지 몰라 방황한다. 대부분의 사람들이 이미 어학연수를 다녀온 사람들의 후기에 의존하는 경우가 많은데, 같은 어학원이라도 개인이 느끼는 만족도는 천차만별이니 어렵고 힘들더라도 반드시 본인의 성향에 맞는 어학원을 찾자.

✻ 몰타 대표 어학원 리스트

위치	어학원	홈페이지	규모	번호(+356)
Gzira	NSTS	http://nsts.org	소	2558 - 8000
Sliema	Inlingua	http://www.inlinguamalta.com	중	2010 - 2000
	LAL	http://www.lalschools.com	대	2132 - 0381
	Am	http://www.amlanguage.com	소	2132 - 4242
St. Julian's	EC	http://www.ecenglish.com	대	2379 - 0555
	EF	http://www.ef.co.kr	대	2570 - 2000
	ESE	http://ese-edu.com	대	2137 - 3789
	ACE English Malta	https://www.aceenglishmalta.com	중	2713 - 5135
	Lingua Time	http://www.linguatime.com	소	2134 - 7104
	Magister	https://www.magisteracademy.com	소	2750 - 5550
St. Paul's Bay	BELS	http://bels.belsmalta.com	소	2755 - 5561
	GV	http://www.gvmalta.com	소	2157 - 3417
Swieqi & Pembroke	Club Class	http://www.clubclass.com	중	2137 - 0694
	Sprachcaffe Matla	https://www.sprachcaffe.com	중	2570 - 1000
	Atlas Malta	https://atlaslanguageschool.com	소	1478 - 2845

✱ 나에게 맞는 어학원 고르기

무턱대고 유명하고 큰 어학원이라던지, 친구가 갔던 어학원 등 본인의 성향을 전혀 고려하지 않은 어학원 선택은 바람직하지 않다. 어학원 생활을 중심으로 어학연수 생활이 달라지기 때문에 본인의 성격, 어학연수의 목적, 경제적 능력 등 다방면으로 신중하게 고민하고 고려해야 한다. 어려운 어학원 선택을 조금이라도 쉽게 하기 위해선 몇 가지 기준을 세우고 우선순위를 매겨 선택하는 것이 가장 좋다.

- **가격** : 아무리 좋은 곳이라도 내 주머니 사정과 맞지 않으면 무용지물. 주당 평균 학비를 잘 따져 봐야 한다. 학비에 기숙사비는 따로 포함되어있는지, 성수기 추가요금은 붙는지, 모든 조건을 동등하게 놓고 가격을 비교하자. 가끔 유학원과 프로모션을 진행해 본 수업료보다 할인된 가격으로 갈 수 있으니 두 눈 크게 뜨고 살펴볼 것.

- **어학원의 규모** : 활달하고 적극적인 사람이면 모를까 소극적인 사람일 경우 가족적인 분위기의 소규모 어학원이 성향에 맞을 수 있다. 가끔 어학원의 규모가 클수록 시설이 더 좋다고 생각하는 학생들도 있는데 막상 그렇지만도 않다. 어학원의 규모에 따라 어학원의 분위기도 많이 달라지니 잘 참고하자.

- **어학원의 위치** : 시내와 가까울수록 생활하기 편리하다는 이점이 있지만 그만큼 면학분위기는 좋지 않을 수 있다. 반대로 시내와 떨어져 있다고 면학분위기가 반드시 좋은 건 아니니 유학원을 통해 미리 어학원의 위치와 분위기에 대해 상담받아보는 것도 좋은 방법이다.

- **기숙사** : 기숙사가 어학원과 얼마나 가까이 있는지, 기숙사 건물은 얼마큼 오래되었는지, 관리는 잘 이루어지는지 확인해야 한다. 몰타의 기숙사는 몇 개의 방으로 이루어진 아파트를 여러 사람들이 함께 생활하는 개념이기 때문에 간단한 청소와 빨래, 식사는 스스로 해결해야 한다. 홈스테이를 연계해주는 어학원이 있으니 필요시 요청하자.

간단히 정리하는 어학원 선택법.

1. 적어도 '이것만큼은!'이라고 생각되는 항목에 대해 정해라.
2. 다 만족하는 학원은 없다. 본인만의 우선순위를 정하고 충족되는 곳을 선택하라.
3. 학원을 선택했다면 비교하지 말고 열심히 공부하라.

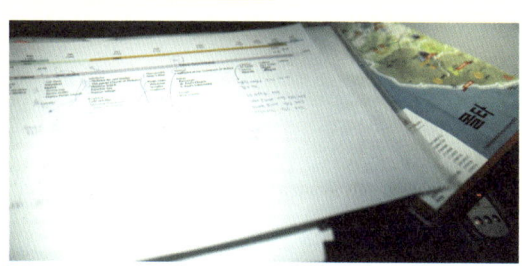

3. 몰타로 어학연수 가기

✶ 어학연수 기간

몰타에서 어학연수 기간은 비자를 기준으로 나눌 수 있다. 몰타에서 무비자로 머물 수 있는 최대 일수가 90일이기 때문에 3개월 이하의 연수 기간은 단기, 비자가 필요한 기간부터는 장기로 분류할 수 있다.

1. 단기 (3개월 이하)

짧게는 1주에서부터 3개월까지 선택의 폭이 넓다. 대부분의 몰타 어학원은 학기제가 아니라 주 단위로 수업이 시작되기 때문에 원하는 시기에 원하는 기간만큼 자유롭게 수업을 수강할 수 있다. 대부분 대학생들이 방학기간을 이용하여 오는 경우가 많으나 유럽여행을 포함한다면 다소 짧은 연수기간이다. 단기로 등록할 경우 금액이 비싸질 뿐만 아니라 경험적으로 미루어봤을 때 장기로 갈 것을 추천한다.

2. 장기 (3개월 이상)

6개월 이상 장기 어학연수를 할 시 수업료 할인과 무료 추가 수업 등 다양한 혜택을 받을 수 있다. 단기와 마찬가지로 주 단위로 수업 신청이 가능하기 때문에 6개월에 해당하는 24주 코스로 가는 경우도 많다. 영어공부에 욕심이 있는 사람이라면 6개월 이상 어학연수를 하길 권장한다. 장기 어학연수는 비자를 발급받아야 하는 단점이 있지만 절차와 과정이 복잡하지 않아 쉽게 할 수 있다.

우리 기숙사 주방

✱ 어학연수 숙박 형태

1. 기숙사 (Dormitory)

몰타에 있는 대부분의 어학원은 어학원 내 혹은 근처에 기숙사 시설을 가지고 있다. 가깝게는 1~3분 거리에서부터 30분 거리의 기숙사까지 어학원에 따라 기숙사의 위치와 시설은 각기 다르다. 우리가 알고 있는 보통의 기숙사와는 달리 방이 3개 정도인 아파트를 대략 6~8명에서 나눠 쓰는 형태로 1인실, 2인실, 3인실에 따라 가격에 차이가 있다. 청소, 세탁, 식사 준비 모두 각자 알아서 해야 하는 단점이 있지만 같은 학원 아이들끼리 지내기 때문에 다양한 국적의 친구들과 어울리고 친해지는데 좋다.

2. 홈스테이 (Homestay)

학원과 연계되어 있는 몰타 현지인 집에서 함께 머물 수 있는 홈스테이는 기본적인 청소와 빨래, 아침과 저녁 식사가 제공된다는 이점이 있다. 학원에 따라 다르지만 평균적으로 2인실, 4주 기준으로 €700~800 금액을 지불해야 하는데 인터넷 비를 별도로 요구할 수도 있다는 점을 참고하자. 한집에 대략 3명 정도의 학생들이 함께 지내기 때문에 다양하고 많은 국적의 친구들을 사귀기는 어렵지만 현지 문화를 이해하고 생활하기에 좋은 곳이다.

3. 렌탈 (Rental or Flat Share)

집을 직접 계약하는 경우로 현지 부동산에서 찾아 볼 수도 있고 유학원이나 어학원을 통해 구할 수도 있다. 보증금과 한 달치 월세를 선불로 내야 하며 월세의 50%는 부동산에 소개비로 지불해야 한다. 최소 6개월 이상 계약해야 저렴해지며 방이 2개 있는 집을 기준으로 월에 €700~1000 정도의 비용이 드는데 성수기인 6월부터 9월 사이에는 집값이 더 올라간다. 몰타의 공과금은 6개월에 한 번씩 지불하는데, 주로 집주인을 통해 내는 경우가 많다.

90일 이상 수업을 등록한 경우 비자가 필요한데 이때 거주허가증이 필요하다. 직접 계약의 경우 집 주인이 거주허가증을 내어 주는지 확실히 확인하고 계약을 하자. 간혹 거주허가증을 내어주지 않아 곤욕을 치르는 경우가 있나. 때문에 직접 방을 알아볼 경우에는 90일 미만으로 체류할 사람에게 추천한다.

3. 몰타로 어학연수 가기

✱ 대략적인 어학연수 비용

언제(성수기/비성수기)갈 것인지, 어떤 어학원(대규모/소규모)에, 얼마만큼(장기/단기) 갈 것인지, 프로모션은 있는지에 따라 가격이 천차만별이지만 평균적으로 일반수업(General)과 기숙사(2인실) 비용은 한 달에 약 150~200만 원 선. 사람마다 소비습관이 달라 규정하기 쉽지 않지만 한 달 생활비로는 보통 60만 원 내외다. 명심할 것은 앞서 말한 비용은 모두 대략적인 비용이므로 두리뭉실한 예산을 잡을 때만 사용해야 한다. 비용은 개인에 따라서 더 저렴해질 수도 있고, 비싸질 수도 있다는 점을 잊지 말자.

✳ 어학연수 짐 싸기 Check list

장기간 몰타로 어학연수를 갈 경우 챙겨야 할 짐이 많다. 사람 사는 곳이야 다 똑같고 한국에서 살 수 있는 물건을 몰타에서도 살 수 있지만 미리 챙겨가야지 어학연수 비용을 한 푼이라도 줄일 수 있다. 특히 약이나 화장품의 경우 유럽 사람과는 다른 피부와 체질 때문에 맞지 않을 수 있으니 따로 챙기는 것이 좋다. 기본적으로 크게 서류, 신분증, 옷, 잡화, 화장품, 생활용품, 책, 문구류, 편의품, 비상약, 전자기기 등으로 분류해서 챙겨야 할 물건을 작성하는 체크 리스트(Check List)를 만들면 편하다.

손톱 깎기

일상생활에서 중요하지만 은근히 까먹기 쉬운 생활 아이템으로 일주일 이상 해외로 떠날 예정이라면 꼭 챙겨야 한다. 특히 유럽여행 중에서도 유용하게 쓰일 물건으로 가끔은 가위를 대신하기도 한다.

누룽지

라면, 김, 통조림 깻잎 등 다양한 편의식품은 잊지 않고 챙겨가지만 누룽지를 챙기는 유학생은 많지 않다. 경험상 누룽지는 꼭 챙겨가야 할 아이템으로 가볍고 상할 걱정이 없어 좋을 뿐만 아니라, 특히 아플 때 간단히 끓여먹기 좋다. 먼 타국에서 아픈 것도 서러운데 밥이라도 잘 챙겨 먹어야 하니 누룽지는 비상용으로 꼭 챙겨가자.

믹스 커피와 티백

이미 익히 들어 알고 있는 외국인의 믹스커피 사랑. 한번 타주면 그 맛에 헤어 나오지 못해 자꾸자꾸 오는 외국인 친구들이 있다. 선물용으로도 좋으니 넉넉히 챙기자. 또한 한국에서만 파는 녹차, 둥굴레차, 옥수수염차와 같은 티백도 유럽에서는 구하기 힘드니 챙겨갈 수 있을 때 미리 챙겨가면 좋다.

전기장판

겨울에 몰타로 유학을 가는 학생이라면 1인용 전기장판은 챙겨가자. 겨울에서 온화하고 따뜻한 몰타라지만 밤이 되면 사정은 달라진다. 라임스톤으로 지어진 건물은 한여름 뜨거운 몰타를 위해 지어진 건물로 겨울이 되면 반대로 추워지기 때문에 밤에 따뜻하게 자고 싶다면 전기장판은 필수. 다만 기숙사 내에서 난방기구를 사용하지 못하므로 관리를 잘 하도록 하자.

3. 몰타로 어학연수 가기

외국인 친구들에게 줄 선물

몰타에 지내다 보면 세계 곳곳에서 온 다양한 친구들을 만날 수 있으며 그들과 친해지고 우정을 쌓을 수 있다. 다들 어학연수를 목적으로 몰타를 방문했기 때문에 일정 시간이 지나면 헤어짐이 있기 마련이다. <u>헤어지는 친구들에게 한국과 자신을 기억할만한 작은 선물을 준비해 가자.</u>

붙이는 파스

유럽여행 중 많이 걷다 보면 쉽게 느낄 수 있는 근육통을 완화시켜줄 뿐만 아니라 지지대 역할까지 해주는 고마운 파스다. <u>유럽에서는 쉽게 구입할 수 없는 붙이는 파스는 챙겨가지 않으면 아쉬울 수 있다.</u> 남자들의 경우 운동을 하다 다칠 수도 있으니 온/냉으로 하나씩 준비하면 좋다.

콜롬비아 친구들이 준 마지막 선물

룸메이트가 남기고 간 마지막 메시지 선물

어학연수 짐 싸기 list 예시

서류, 신분증, 돈 여권, 여권 사본 3장. 여권 사진, 입학허가서, 비행기 티켓, 국제학생증, 유학생 보험증서, 신용카드, 씨티 국제현금카드, 하나 국제현금카드, 유로, 주민등록증, 기차 티켓, 여행용 책자, 은행잔고 증명서

전자기기 멀티 어댑터, 마우스, usb, 외장하드, 핸드폰 충전기, 카메라 충전기, 메모리칩, 멀티탭, 110v 돼지코, 이어폰 여분, 노트북 어댑터, 전자사전, 전자사전 충전기, 노트북, 핸드폰, 카메라

식료품 소고기 고추장, 된장, 4절김, 보리차, 참치, 쌈장, 고추장, 둥굴레차, 녹차, 커피믹스, 누룽지

비상약 소화제, 종합 감기약, 두통약, 진통제, 후시딘, 반창고, 면 반창고, 물파스, 버물리, 맨소래담, 붙이는 파스, 소독약, 항생연고, 화상 연고, 항생제, 지사제, 안약

편의품 옷걸이, 반짇고리, 지퍼락, 손톱깎이 세트, 3단 우산, 락앤락(렌지사용가능), 자물쇠

옷, 잡화 원피스, 반팔티/긴팔티, 카디건/외투, 나시, 청바지, 반바지/치마, 트레이닝 복, 운동화, 샌들, 구두, 슬리퍼(실내, 실외), 속옷, 양말 10개, 스타킹/레깅스, 수영복, 가방(작은 것,큰 것, 백팩), 모자, 머리띠, 선글라스, 귀걸이, 반지, 목걸이, 팔찌

책, 문구류 grammar in use, 연필/샤프, 샤프심, 지우개, 펜, 형광펜, 네임펜, 칼, 수정테이프, 큰 노트, 메모장, 포스트잇, 투명 테이프, 클리어 폴더, 공책, 가위, 풀 , 클립

생활용품 일회용 렌즈, 탁상시계, 빗, 머리끈, 생리대, 템폰, 팬티라이너, 손거울, 수저, 나무젓가락, 과도, 헤어드라이기, 고데기, 텀블러, 안경, 탁상 달력, 빨랫비누, 물티슈, 휴대용 수저

세면용품 클렌징 오일, 폼클렌징, 필링젤, 칫솔, 치약, 바디클랜저, 샴푸, 트리트먼트, 버블 메이커, 면도기, 수건, 때 타올, 비누

화장품 토너, 수분크림, 마스크 팩, 선크림, 파운데이션, 프라이머, 메이크업 베이스, 립글로스, 틴트, 립스틱, 핸드크림, 아이브로우, 아이라이너, 아이쉐도우, 마스카라, 매니큐어, 네일 리무버, 파운데이션 스펀지, 화장솜, 면봉, 눈썹 칼, 헤어 에센스, 향수

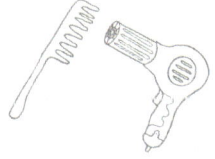

인터뷰
INTERVIEW

몰타 어학연수 후 / 연수 기간 : 4개월

김우빈 (Woobin Kim)

Q. 몰타는 언제 다녀오신 거죠?

A. 2014년 4월에 출발 4개월간 머물렀습니다.

Q. 연수기간이 짧거나 길지는 않았나요? 이유는 무엇인가요?

A. 매우 짧다고 느껴졌어요. 생각보다 몰타는 볼거리와 놀 거리가 많았어요. 처음 몰타에 대해 소개받을 때는 작은 섬이라고 들었는데, 그 말이 무색하게 몰타에서는 많은 것을 보고 느낄 수 있는 곳이었어요. 만족스럽게 모든 것을 다 보고 느꼈다고 하기에는 4개월은 매우 짧은 시간이었어요. 아직 보지 못한 곳들이 더 많아서 아쉬움이 많이 남습니다.

Q. 어학연수는 처음이신가요?
다른 어학연수지도 많은데 몰타를 선택하신 이유가 무엇인가요?

A. 네, 어학연수는 처음이에요. 저는 더 많은 것들을 보고 경험하기 위해 가려는 목적이 컸어요. 영어공부보다는 인생 경험을 더 하고 싶었던 거죠. 몰타는 유럽 국가이면서 여행하기 용이한 위치에 있기 때문에 다양한 사람들을 만날 수 있고 유럽 곳곳을 여행하고자 했던 저의 목적에 매우 적합했어요. 특히, 바다를 좋아하는 저에게는 섬나라인 몰타는 4개월간의 추억 쌓기에 최적의 장소였어요.

Q. 몰타에서 영어공부는 어떻게 하셨나요?

A. 친구들과 이야기하면서 많이 늘었던 거 같아요. 어학원 출석률은 낮았는데, 영어에 대한 자신감은 많이 올랐던 거 같아요. 친구들이랑 이야기 하면서 모르는 단어는 찾아가며 어휘를 익혔어요. 다양한 국가의 친구들과 친해지다 보니 발음이 각기 달랐는데 그런 게 오히려 듣기에 도움이 됐던 거 같습니다.

Q. 외국인 친구들을 사귀는 나만의 비법이 있다면 알려주시겠어요?

A. 저는 낯을 많이 가리고, 낯선 사람이랑 어울리는 것을 어려워해서 처음에 힘들 거라고 예상했는데, 룸메이트가 외국인이다 보니 자연스럽게 마음이 열렸던 거 같습니다. 특별히 노는 것을 좋아하지 않고 혼자 있는 걸 좋아한다면 친구를 사귀기 어렵다고 말해주고 싶네요. 적극적으로 놀면 자연스럽게 친구가 생긴답니다. 이건 한국에도 마찬가지일 것 같네요.

Q. 만약 다시 몰타로 어학연수를 갈 수 있다면 어떻게 생활하실 것 같아요?

A. 무조건 여기저기 돌아다닐 거 같아요. 몰타의 아름다운 바다를 즐기고, 더 많은 나라를 여행할 것 같아요. 이제 확실히 어디에서 무엇을 즐길 수 있는지 아니까 더 많이 즐기다 올 것 같네요. 각각의 해변마다, 지역마다 느낌이 다르고 얻을 것도 다 다른 게 몰타거든요. 더 알차게 젊은 날들을 보내다 후회 없이 돌아오고 싶네요.

4. 연계 어학연수

다른 유럽 국가들에 비해 상대적으로 저렴한 물가와 낮은 한인 비율로 어학연수하기 좋은 몰타는 다른 나라와 연계하여 오는 경우도 종종 볼 수 있다. 영국이나 아일랜드에서 어학연수를 받기 부담스러운 사람들은 몰타에서 기본기를 갖추고 연계 어학연수를 통해 가는 것 또한 하나의 방법이 될 수 있다. 연계 어학연수를 할 경우 어학연수 비용과 생활비를 아낄 수 있을 뿐만 아니라 두 나라의 문화를 경험할 수 있다는 장점이 있다.

✱ 몰타 + 영국

몰타에서 3개월 이내, 영국에서 6개월 이내로 연계연수를 한다면 별도의 비자 없이 입국하여 어학연수가 가능하다. 몰타에서 부족한 영어공부를 오랜 역사를 바탕으로 수준 높은 강사진과 커리큘럼을 가진 영국에서 보충할 수 있다. 어학연수비가 비싼 영국과 상대적으로 저렴한 몰타를 연계함으로써 연수의 질은 높이고 비용은 줄이는 효과를 얻을 수 있을 것이다.

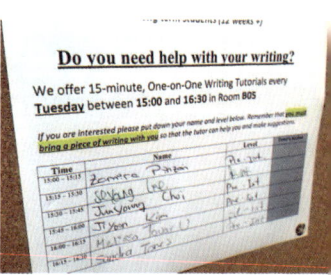

✱ 몰타 + 아일랜드

아일랜드의 경우 비자 신청이 까다롭지 않기 때문에 한국에서 별도의 비자 신청 없이 아일랜드에서 학생비자를 신청하여 연계 어학연수를 할 수 있다. 아일랜드는 6개월 코스 등록 시 학생비자를 받을 수 있으며 8주간의 방학기간을 가질 수 있는데, 학기 중 주당 20시간씩 아르바이트를 할 수 있다.

✱ 몰타 + 필리핀

영어에 자신 없는 사람들은 집중적인 영어 공부를 할 수 있는 필리핀에서 먼저 기초를 잡은 후 몰타에서 연계 어학연수가 가능하다. 한국인들에게 최적화 되어있는 필리핀 어학연수는 저렴한 연수 비용으로 많은 수업을 들을 수 있어서 기초가 부족한 학생들에겐 적합하다. 필리핀에서 먼저 기초를 쌓은 다음 영어에 대한 자신감을 붙이고 몰타에 온다면 어학연수 효과를 극대화할 수 있을 것이다.

인터뷰
INTERVIEW

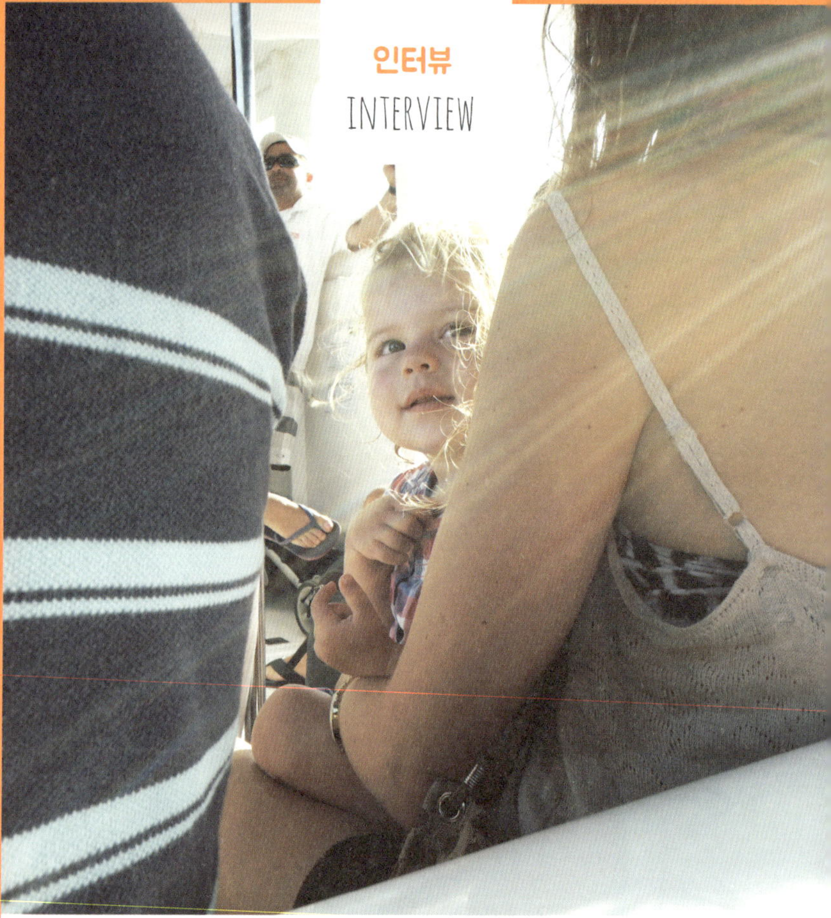

몰타-영국 연계 어학연수 / 몰타 3개월, 영국 6개월
한우성 (Wooseong Han)

Q. 몰타-영국 연계 어학연수는 어떻게 계획하고 가셨나요?

A. 몰타 3개월 영국 6개월을 연수기간으로 잡았어요. 몰타에서는 처음 영어와 외국인에 대한 두려움을 없애는 것이 중요하다고 생각했기에 친구들과 많은 시간을 보내기 위해 노력했고, 영국에서는 영어의 본 고장에서 체계적인 교육 시스템을 바탕으로 영어 교육을 받고 싶어 이렇게 계획하였습니다.

Q. 영국 어학연수 비용과 몰타 어학연수 비용 차이가 큰가요?

A. 네. 몰타와 영국의 물가 차이가 심해서 영국에서 6개월 생활할 비용이면 몰타에서는 거의 1년 넘게 생활이 가능할 거 같아요. 기본적으로 사용하는 화폐단위가 달라 환율 차이도 있었고요. 정확하지는 않겠지만 체감상 교통비는 약 4배 정도, 식비의 경우에도 약 2배 이상 차이가 나는 것 같습니다.

Q. 영국과 비교했을 때 몰타 어학연수의 장점은 무엇인가요?

A. 연중 화창한 날씨인 것 같아요. 몰타는 10월 전까지는 계속 더운 날씨라 야외 활동을 많이 할 수 있어요. 외국인 친구들과 자주 놀러 다니면서 대화의 기회를 많이 가질 수 있었습니다. 학원마다 다르지만 몰타의 경우 오후 12시면 수업이 끝나서 그 이후의 자유시간이 많아 많은 여가 활동을 즐길 수 있었어요. 영국의 경우 수업도 늦게 끝날 뿐만 아니라 날씨도 안 좋은 날이 많아 집에서 생활하는 시간이 많았어요.

Q. 영국과 비교했을 때 몰타 어학연수의 단점은 무엇인가요?

A. 제가 있었던 어학원이 비교적 한국인의 비율이 높았던 것 같아요. 성수기 당시에는 한국인의 비율이 약 20% 정도였어요. 물론 다른 어학연수지에 비하면 낮은 수치겠지만 빠른 시일 내에 영어 실력을 향상하고 싶으신 분들에게는 큰 단점이 될 수 있을 것 같네요.

Q. 몰타와 영국, 수업방식에 차이가 있나요?

A. 수업 방식 면에서는 거의 차이가 없었어요. 두 나라 모두 교재 또는 프린트 물을 기본으로 진도를 나가는 체계였으니까요. 레벨마다 다루는 주제나 내용이 다르지만 영국과 몰타 사이에는 별다른 차이를 느끼지 못한 것 같습니다. 단, 영국에서는 케임브리지 주관의 시험 대비반이 있었는데 이런 특수한 경우에는 체계적인 커리큘럼으로 많은 양의 수업을 단 시간에 끝내야 하기 때문에 공부할 양도 많고, 좀 더 공부다운 공부를 한다고 느꼈습니다.

Q. 영어 공부를 하기엔 어느 곳이 더 좋은가요?

A. 공부를 하는 환경은 영국이 더 좋다고 생각해요. 일전에 언급했다시피 몰타에서는 여가시간이 많아 다양한 유혹들이 존재했거든요. 학원에 있는 외국인 학생들의 분위기도 즐겁게 노는 것을 추구하는 편이라 공부를 하기에 좋은 환경은 영국이라고 생각합니다.

Q. 외국 친구들을 사귀기엔 어느 곳이 더 좋은가요?

A. 몰타라고 생각해요. 더 많은 여가 시간을 외국인 친구들과 함께 보내며 서로의 문화를 공유할 수 있는 시간이 더 많았어요. 그리고 학원 주변의 기숙사에 대부분 생활하기 때문에 자주 볼 수 있는 환경이었지만 영국의 경우는 학원 기숙사에 생활하는 친구들을 제외하면 먼 거리에 사는 친구들도 많아 학원 수업이 끝나면 같이 보낼 수 있는 시간이 적었습니다.

5. 몰타 현지생활 노하우

✱ 몰타에서 현금카드 사용하기

HSBC, VOB 등 몰타에도 은행이 있지만 현지에서 계좌를 개설하기란 까다롭다. 어렵게 개설한다고 해도 송금할 때 환율과 인출할 때 환율을 고려해 보았을 때 차액이 생기므로 효율적이지 못하다. 몰타로 어학연수를 오는 대부분의 학생들은 몰타 현지에서 현금인출이 가능한 체크카드를 한국에서 미리 만들어오는 방법을 사용한다. 마스터(Master)나 비자(VISA)카드 대부분은 사용할 수 있으니 현금 인출 수수료가 가장 낮은 카드를 잘 찾아보자.

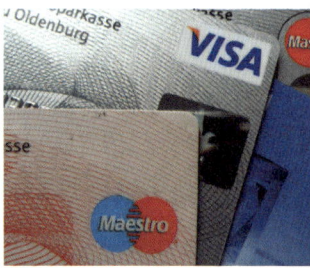

✱ 휴대폰 사용하기

보통 유학원에서 유심(USIM) 칩을 제공해 주거나 판매한다. 그렇지 않을 경우 시내에 있는 통신사에서 구매할 수 있으며 가격은 약 €10 정도다. 통신사에 직접 방문해 개통할 수 있고, 인터넷이나 고객센터에 전화해 개통할 수 있다. 개통 후 일정 금액을 미리 충전(Top-up) 시켜 놓고 홈페이지에서 요금제를 선택하여 사용하는 방식으로 데이터, 사용일수, 통화량 등 다양한 요금제가 있으니 홈페이지에서 확인하자. 몰타에서 가장 많이 쓰는 통신사로는 보다폰(Vodafone)으로 시내 곳곳에서 대리점을 쉽게 찾을 수 있다.

몰타 통신사 리스트

보다폰 (Vodafone)

전화번호 (+356) 9999 - 9247
홈페이지 https://www.vodafone.com.mt

멜리타 와이파이 (Melita Wifi)

홈페이지 http://www.melita.com

고 (GO)

전화번호 (+356) 8007 - 2121
홈페이지 https://www.go.com.mt

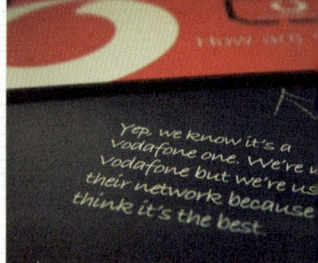

✱ 몰타에서 장보기

1. 리들 (LIDL)

본사를 독일에 둔 마트로 채소, 과일, 빵, 유제품, 고기 등 다양한 식재료와 생활용품을 저렴한 가격에 구입할 수 있는 곳이다. 주로 식재료를 취급하고 있는 곳으로 시내 중앙에 위치하고 있지 않아 접근이 어렵지만 저렴한 가격 때문에 일주일에 한 번은 찾아가게 된다. 몰타 전국에 지점을 두고 있기 때문에 가장 가까운 곳을 검색해서 찾아가자. 리들에서만 판매하는 대용량 요플레를 비롯해 대용량 티라미스 등 맛있고 값 싼 제품이 많으며 한국보다 훨씬 저렴한 가격으로 싱싱한 고기와 채소, 과일을 살 수 있다.

홈페이지	http://www.lidl.com.mt
영업시간	**월-목요일** 07:00 ~ 19:00
	금요일 07:00 ~ 22:00 | **토요일** 07:00 ~ 20:00
휴일	매주 일요일

5. 몰타 현지생활 노하우

2. 그린스 슈퍼마켓 (Greens Supermarket)

몰타에서 학원 기숙사가 제일 많이 위치한 스위기(Swieqi)에 있어 어학연수 중인 분들이 이용하기에 좋은 대형 마트다. 싱싱한 해산물부터 채소, 과일 등 다양한 식재료를 저렴하게 구입할 수 있다. 총 2층으로 이루어져 있으며 마트 내에 레스토랑과 카페도 함께 운영 중이다. 20유로 이상 구매 시 5유로를 지불하면 배달 서비스를 제공해주며, 75유로 이상 구매 시 무료로 배달 서비스를 이용할 수 있다.

주소	Greens Supermarket, Uqija Street, Ibragg, Is-Swieqi, Malta
전화번호	(+356) 2137 7247
홈페이지	https://www.greens.com.mt/
영업시간	**월-토요일** 07:00 ~ 20:00 **일요일·공휴일** 07:00 ~ 21:00

2. 타워 슈퍼마켓 (Tower Supermarket)

슬리에마 시내 중심에 위치하고 있어 접근이 용이하다. 우리나라의 일반 대형마트와 가장 흡사한 곳으로 다양한 제품군들을 저렴한 가격에 판매한다. 식재료는 니들에 비해 저렴한 편은 아니지만 샴푸, 린스, 화장지, 조리기구와 같은 생활용품이 많아 식재료를 제외한 다른 물건을 구매할 때 좋다. 특히 우리나라 쌀과 비슷한 일본 쌀을 1Kg씩 포장된 제품으로 판매하고 있다.

주소	(슬리에마점) Tower Supermarket, High Street, Sliema, Malta
전화번호	(+356) 2134 - 5586
홈페이지	http://www.towersupermarket.com
영업시간	**월-토요일** 08:00 ~ 20:00
휴일	매주 일요일

3. 아카디아 마트 (Arkadia Food Store)

고조를 포함하여 4군데의 지점을 가지고 있지만 세인트 줄리안에 위치한 마트가 제일 가기 편하다. 몰타에서는 대부분의 마트가 쉬는 일요일에도 영업을 하기 때문에 급하게 사야 할 물건이 있으면 아카디아 마트를 가면 된다. 기본적인 각종 식료품과 생활용품을 살 수 있으며 특히 다양한 해산물을 사기 좋다. 종류는 많지 않지만 한국 라면과 과자를 판매하고 있으니 참고하자.

주소 (세인트 줄리안점) St.George's Park Complex, St. Julian's, Malta
전화번호 (+356) 2210 - 3450
홈페이지 http://www.arkadia.com.mt
영업시간 월-일요일 10:00 ~ 24:00

4. 아시아 마트 (Asia Food Store)

유학생활 중 가장 힘든 것은 아마 음식이 아닐까 싶다. 몰타에서 오랫동안 아시안 식료품을 판매한 곳으로 슬리에마와 몰타 대학 사이에 위치해 있다. 중국인이 운영하고 있는 작은 마트로 가격은 다소 비싸지만 한국 음식이 그리울 때 정말 유용한 곳이다. 쌀, 라면, 김치를 포함하여 만두, 잡채, 떡볶이, 불고기 소스, 소주, 막걸리까지 없는 거 빼곤 다 있는 곳이다. 외국인 친구들에게 한국 음식을 대접할 때, 한국 음식이 그리울 때는 꼭 한번 들러보자.

주소 No. 50, Triq Nazju Ellul, Gzira, Malta
전화번호 (+356) 9998 - 6988
영업시간 **월-토요일** 09:00 ~ 19:00
휴일 매주 일요일

5. 아로마 아시안 슈퍼마켓 (Aroma Asian Supermarket)

파쳐빌에 새롭게 생긴 아시안 마켓이다. 드래고나라 호텔 가는 길에 위치한 탓에 시내 중심가에서는 조금 떨어져 있지만 시내에서 도보로 충분히 갈 수 있다. 한국음식 외 일본과 중국 및 동남아 음식을 구입할 수 있는 곳으로, 한국 음식의 종류는 그지라(Gzira)에 위치한 아시아 푸드 스토어보다 적은 편이지만 라면 종류는 훨씬 많다.

주소 Triq Dragunara, St. Julians. Malta
영업시간 월-일요일 09:00~21:00

5. 몰타 현지생활 노하우

✱ 몰타에서 영화보기

외국에서 살고 있다면 한 번쯤 해보고 싶은 문화생활인 영화 보기. 몰타에서는 영어가 공용어인 만큼 미국과 영국 영화는 자막 없이 상영된다. 영어 듣기에 자신이 없다면 어린이를 위한 애니메이션을 보자. 특이한 점은 대략 1시간 마다 휴식시간이 주어진다는 것. 영화가 갑자기 멈추면 사고가 난 것이 아니라 휴식이 시작된 것이니 당황하지 말자. 상영 중인 영화와 가격은 각 영화관 별로 다르니 관람 전 홈페이지에서 확인할 것을 권장한다.

1. 에덴 시네마 (Eden Cinema)

주소	Eden Leisure Group, St. George's Bay St. Julian's, Malta
전화번호	(+356) 2371 - 0400
홈페이지	http://www.edencinemas.com.mt
Email	elg@edenleisure.com
가격	5.50

2. 엠바시 시네마 (Embassy Cinema)

주소	Embassy Complex, St. Lucia Street, Valletta, Malta
전화번호	(+356) 2122 - 7436
홈페이지	http://www.embassycomplex.com.mt
Email	info@embassy.com.mt

3. 엠파이얼 시네마 (Empire Cinema)

주소	Pioneer Road, Bugibba, Malta
전화번호	(+356) 2158 - 1787
홈페이지	http://www.empirecinema.com.mt
Email	info@empirecinema.com.mt

4. 탈 리라 시네마 (Tal-Lira Cinema)

주소 Galleria Shopping Centre, Zabbar Road, Fgura, Malta
전화번호 (+356) 2180 - 8000
홈페이지 http://www.tal-lira.com
Email info@tal-lira.com

인터뷰
INTERVIEW

몰타 조기유학
엄마 노경희 (Kyunghee Noh)
아빠 윤성진 (Sungjin Yun)
딸 윤도원 (Dowon Yun)

Q. 몰타에서 생활 하신지는 얼마나 되셨나요?
A. 현재까지 한 7개월쯤 된 것 같네요.

Q. 몰타는 어떻게 알고 오게 되었나요?
A. TV 프로그램에서 처음 봤어요. 아름다운 경치와 작은 나라라는 점이 가장 마음에 들었던 것 같아요. 그때부터 천천히 조금씩 조기유학 준비를 했던 것 같습니다.

Q. 자녀분은 적응을 잘 하고 있는 것 같나요?
A. 원래 새 학기가 되면 교실이 울음바다라고 하더라고요. 다행이 아이가 울지는 않는데 하고 싶은 말이 있을 때 자유롭게 못하니 스트레스를 조금 받는 것 같아요.

Q. 몰타 생활하시면서 힘드신 점이 있다면?

A. 관공서에서 일을 처리하는 속도가 한국과 비교하면 너무 늦는 것 같아요. 비자 받는 절차가 복잡하거나 어렵진 않는데, 많은 시간을 기다렸던 것 같네요. 그리고 요즘 몰타에서 건물을 새로 짓는 공사가 많은 것 같아요. 듣기로는 1년 전만 해도 공사가 많이 없었다고 하는데, 몰타가 변화를 겪고 있는 건지 공사가 많은 것 같아요.

Q. 몰타에서 조기유학 중인 분들이 많으신가요? 가족단위로 오시나요?

A. 워낙 작은 나라라 생각보다는 많은 것 같아요. 실질적으로 따지면 10~15가구 정도밖에 안되지만요. 저희처럼 부부끼리 오는 경우는 극히 드물어요. 대부분 아빠는 한국에 남아있고 엄마와 아이가 오는 케이스가 가장 많죠.

Q. 몰타 조기유학 준비 시 유의할 점이 뭘까요?

A. 몰타에서 인기 있는 사립학교의 경우 1년 전부터 입학 신청서를 제출해야 해요. 몰타 국립학교의 경우 영어가 아닌 몰티즈로 수업하기 때문에 조기유학을 하시려면 사립학교를 다녀야 하거든요. 학교인가를 받은 학원이 있어요. 이런 곳은 입학하기는 쉽지만 체육활동과 같은 기타 활동이 전혀 없다는 단점이 있죠.

Q. 몰타 조기유학 학부모님들의 커뮤니티가 있나요?

A. 따로 있진 않지만 워낙 작은 나라다 보니 조기유학을 온 학부모들끼리는 자주 마주친다거나, 아는 사람들을 통해 소식을 전해 듣는 것 같아요.

Q. 체감하시는 몰타의 학비와 물가는 어떤가요?

A. 학비의 경우 한국과 비슷한 비용인데 몰타 물가로 따지면 이 금액이 비싼 편인 거죠. 그래서 같은 학비면 몰타에서는 시설이 우수한 국제 학교에 다닐 수 있어요. 식료품과 옷 같은 생활비는 저렴해서 괜찮지만 월세같이 한국에 있다면 나가지 않아도 될 돈이 나간다는 단점은 있어요.

Q. 자녀분을 등교시키고 난 뒤 어떻게 시간을 보내세요?

A. 오전에 아이를 등교 시키고 나서 저희도 학원에 영어수업을 들으러 가요. 서로 다른 어학원을 선택해서 현재 공부하고 있습니다.

Q. 몰타 조기유학을 준비하는 사람들에게 해주고 싶은 말이 있다면?

A. 부모님은 물론이고 조기유학을 준비하는 자녀도 영어공부를 하고 오셨으면 좋겠어요. 이곳 아이들이 말을 잘할 때 우리아이가 말을 못하면 답답해하거나 무시를 할 수 있겠더라고요. 아무래도 아이도 적응하기도 힘들 것 같고요. 사람마다 차이는 있겠지만 최소 1년 정도는 한국에서 영어공부를 하시고 오시면 좋을 것 같습니다.

인터뷰
INTERVIEW

몰타전문유학원 몰타 스토리(Malta Story) 대표
김분도 (Benedict Kim)

Q. 간단한 소개 부탁드릴게요.

A. 현재 강남에서 몰타 전문 유학원 '몰타 스토리'를 운영 중인 김분도입니다. 몰타에서는 한 6년 정도 지내다가 왔네요.

Q. 몰타는 언제 처음 가셨나요? 어떻게 알고 가시게 된 거예요?

A. 2004년에 처음 몰타에 갔었어요. 그때 영국 여행 중이었는데 공항에서 우연히 몰타 사람을 만난 거죠. 몰타 사람이랑 이런저런 이야기도 하고 몰타에 대해 듣다 보니 한번 가보고 싶어서 영국에서 몰타로 여행 갔던 게 인연이 되었습니다.

Q. 몰타 어학연수가 다른 영어권 국가와 차별 점이 있다면 무엇일까요?

A. 유럽의 대표적인 영어권 국가인 영국과 아일랜드랑 비교했을 때 일단 몰타는 물가가 싸고 치안이 안전해서 어학연수를 오는 학생들에게 좋은 환경이에요. 또 다른 나라에서는 동양에서 온 학생들을 따돌리거나 차별하는 경우가 가끔 있는데 몰타에선 그런 일은 거의 없다고 보면 돼요. 유럽에선 휴양지로 유명한 나라다 보니 몰타로 어학연수를 오는 다른 외국인들은 개방적이라 적응하고 친구 사귀기가 좋은 곳인 것 같습니다.

Q. 몰타 어학연수 기간은 얼마가 적당할까요?

A. 글쎄요. 제 생각엔 영어공부를 목적으로 왔다면 6개월 이상은 하시는 게 좋을 것 같아요. 몰타가 워낙 작은 나라다 보니 오래 있으면 지겹다는 말을 듣고 2-3개월 짧게 오시는 분들도 있는데, 주말을 빼면 수업일수가 40일이 채 안 되는 기간인 거죠. 처음에 적응하고 친구를 사귀는데 시간을 보내다 보면 정작 영어 공부할 시간이 부족하거든요.

Q. 몰타 어학연수를 오시는 분들의 연령대가 어떻게 되나요?

A. 주로 대학생이 많지만 어린아이부터 30대, 40대 분들까지 다양한 사람들이 와요. 다른 외국인들도 마찬가지고요. 한국만 유독 나이에 민감한데 몰타에 와 보시면 알겠지만 정말 다양한 연령대의 사람들이 친구로 지내며 영어 공부하는 모습을 볼 수 있으실 거예요.

Q. 한국 유학생은 1년에 몇 명 정도 몰타로 어학연수를 가나요?

A. 제가 처음 몰타 유학원을 진행했을 때만 해도 1년에 60명이 되지 않았어요. 지금은 유학원에 상관없이 대략 650-800명 정도 학생이 해마다 몰타로 어학연수를 가는 것 같네요. 많아 보이지만 1달로 치면 50-70명 정도의 한국 학생이 몰타에 있는 거죠. 그런데 몰타에는 50개가 넘는 어학원이 있으니 실질적으로 같은 시기에 같은 학원에 다니는 한국인은 얼마 없다고 생각하시면 돼요

Q. 몰타 어학연수를 준비하시는 분들께 한마디 해주신다면?

A. 기초 문법은 꼭 공부를 하시고 오시는 게 좋아요. 가끔 '몰타 가면 영어가 얼마큼 늘까요?'라고 질문하는 학생들이 있는데, 어딜 가든 본인 하기 나름이에요. 다만 몰타에 영어공부를 하러 오셨다면 결석은 절대 하지 말라고 말씀드리고 싶어요. 한 번이 어렵지 그다음부터는 쉬워질 수 있으니까요. 몰타가 워낙 클럽 문화가 잘 되어있고 술값이 싸서 간혹 유혹에 넘어가는 학생들이 있는데, 문화를 잘 즐기며 영어 공부하려는 본인의 자세와 마음가짐이 가장 중요하다고 볼 수 있어요.

몰타스토리 카페	http://cafe.naver.com/maltastory
위치	서울시 서초구 서초동 1328-11, 대우도씨에빛 2차 815호
전화번호	070-4696-9600

몰타에서 유럽여행　Part 4

01 유럽 저가항공 이용하기
02 몰타에서 유럽여행
03 유럽여행 추천 국가

인접해 있는 국가가 많고 입/출국이 자유로운 유럽의 특성상 비행기는 버스나 지하철, 기차, 트램처럼 빈번하게 이용되는 대중적인 교통수단이다. 국가 간 이동을 할 경우에는 짧게 30분에서 길어도 4시간 내외로 비교적 짧은 비행으로 유럽여행이 가능하다. 이러한 특성으로 생긴 것이 유럽의 수많은 저가항공으로 기내식과 체크인 같은 서비스를 대폭 생략하고 저렴한 요금의 상품을 판매한다. 유럽에는 각 나라별로 대표될만한 저가항공사가 있는데, 각 항공사별로 노선과 수화물 규정에 차이가 있으니 탑승 전 꼼꼼히 확인해야지 추가적인 지출을 막을 수 있다.

01 유럽의 대표 저가 항공사

유럽에서 가장 많은 노선을 가지고 있는 저가항공사 중 하나인 아일랜드의 라이언 에어(Ryan Air)를 비롯하여 헝가리의 위즈 에어(Wizz Air), 영국의 이지젯(EasyJet), 스페인의 부엘링(Vueling)이 유럽의 대표 저가항공사다. 특가로 올라온 항공권이나 3~4개월 전에 제공되는 얼리버드(Early-Bird) 항공권 등을 구매하면 정가보다 훨씬 저렴한 가격으로 탑승할 수 있다. 몰타와 가장 가까운 이탈리아의 경우 비수기일 때 왕복 5만 원에 티켓을 구매할 수 있다.

02 저가 항공사 수화물 규정

유럽의 저가 항공사의 경우 항공료가 저렴한 대신 수화물 규정이 까다롭다. 규정된 규격과 무게의 수화물 외 추가 수화물이 있을 경우 탑승하기 전 온라인으로 미리 예약해야 한다. 현장에서 결제 시 온라인보다 2배 이상의 요금을 지불해야 할 수 있으니 해당 항공사의 홈페이지에서 미리미리 해야지만 추가적인 지출을 줄일 수 있다.
수화물 규정은 각 항공사별로 다르기 때문에 반드시 이용하는 저가 항공사에 홈페이지에서 확인해야 한다. 미리 확인하지 않고 공항에서 추가 수화물에 대한 가격을 지불할 경우 저가 항공이 아닌 고가 항공이 될 수 있다는 점을 명심하자.

✈ 라이언 에어(Ryan Air)
무게가 10kg 이하이면서 56x45x25cm 이하 1개와 35x20x20cm 이하의 작은 가방 1개 까지는 무료로 탑승 가능하다.

✈ 위즈 에어(Wizz Air)
42x32x25cm 1개 허용. 작은 손가방, 핸드백, 노트북 가방 등을 각각 수화물 1개로 보기 때문에 개수를 1개로 줄여야 추가 요금이 발생하지 않는다.

✈ 이지젯(EasyJet)
기내 수화물은 10kg까지 허용되며 크기는 56x45x25cm 이하여야 한다. 자리가 부족한 경우 50x40x20cm로 제한될 수 있다. 작은 가방 한 개도 추가로 들고 갈 수 있는데 35x20x20cm를 넘지 않아야 한다.

✈ 부엘링(Vueling)
항공권의 종류에 따라 수화물 규정이 달라지나 가장 많이 탑승하는 기본가격(Basic Fare) 항공권의 경우 무게 10kg 이하, 크기 55x40x20cm 이하 수화물 1개만 무료로 탑승할 수 있다.

무료 기내 수화물에 해당하는 무게와 사이즈가 넘을 경우 각 항공사 홈페이지를 방문해 수화물을 추가하거나 사이즈 업그레이드를 시켜야 한다.

03 저가 항공, 어떻게 예매할까?

저가항공은 각 항공사의 홈페이지에서 항공권을 검색하거나 예매할 수 있다. 같은 노선에 대해 항공사별로 검색하고 싶을 땐 항공권 비교 웹사이트인 '스카이 스캐너(Sky Scanner)'를 이용하면 편리하다. 이미 유럽여행을 준비하는 사람들이라면 다 아는 웹사이트로 간단한 클릭 몇 번으로 항공사별, 사이트별로 다양한 항공권을 한 번에 모아 비교하기 쉽게 보여준다.

04 저가 항공사 이용 팁

🔖 온라인 체크인

저가 항공사는 출발하기 약 일주일 전 온라인으로 미리 체크인을 한 다음 보딩패스를 인쇄해야 한다. 비자 확인이 필요 없는 경우에는 티켓을 모바일로 캡쳐 혹은 해당 항공사 어플로 다운 받아도 괜찮으나 간혹 항공사 측에서 문제를 삼곤 하기 때문에 인쇄를 하는 것이 가장 확실한 방법이다. 공항에 따라서 무료로 티켓을 인쇄해주는 곳이 있다.

🔖 기내 음료 반입

음료와 같은 기내식이 서비스로 일절 제공되지 않는 저가항공사에서는 심지어 물도 사 먹어야 한다. 공항 보안 검색대를 통과 한 다음 공항 내에서 구매한 음료는 기내에 들고 탑승할 수 있으니 탑승 전 간단한 간식과 음료를 사는 것도 하나의 방법이다.

🔖 수화물이 많다면 국적기 이용

만약 짐이 많거나 무겁다면 해당 나라의 국적기를 이용하자. 비행기 티켓값 보다 비싼 수화물 추가 가격은 배보다 배꼽이 더 커서 애초에 기대했던 가격으로 저가항공을 이용하지 못한다 이럴 땐 수화물 규정이 관대한 해당 나라의 국적기를 알아보는 것이 현명하다.

STEP 02. 몰타에서 유럽여행

대부분 사람들이 유럽에 오면 적어도 두 개 이상의 나라를 여행한다. 유럽 국가들이 서로서로 인접해 있는 이유도 있겠지만, 한국에서 유럽까지 15시간이 넘는 비행을 통해 왔으니 한 나라만 들렀다 가기엔 들인 시간과 노력이 아깝기 때문이다. 몰타로 어학연수를 온 사람에게도 귀국 전 유럽 일주는 당연한 코스가 되었다. 저렴한 항공편 덕분에 유럽 어느 곳이든 마음만 먹으면 갈 수 있는 몰타에서 여행은 어떻게 할까?

01 | 몰타에서 유럽 여행하는 법

주말 이용하기

가까운 이탈리아의 경우 비행기로 1시간 30분이면 로마에 닿을 수 있어 주말을 이용해 충분히 여행할 수 있다. 그밖에 인접해 있는 모든 유럽 국가가 당일 도착이 가능하기 때문에 마음만 먹으면 어디든 갈 수 있다.

방학 이용하기

어학연수생이 가장 많이 택하는 방법으로, 어학연수 중간 방학을 이용하여 여행을 다닌다. 대부분의 학원이 수업 종료 한 달 전 방학 사용을 원칙으로 하고 있기 때문에 수업이 끝난 후 유럽여행을 하는 것은 어렵다. 어학연수 등록 기간에 따라 사용할 수 있는 방학 기간이 달라지며 무비자 기간 내로 연수를 한다면 별도의 방학은 주어지지 않는다. 어학원마다 다르지만 보통 12~23주 수업 등록 시 2주의 방학을, 24주 이상 등록 시 최대 4주의 방학을 얻을 수 있다. 만약 2주 이상의 방학이 있다면 한 번에 쓸 것인지 나누어 쓸 것인지 고민한 다음 본인에게 맞는 여행 계획을 세우자. 학원에 따라 중간에 방학을 사용 할 경우 기숙사 비용이 추가적으로 발생하는 곳도 있으니 여행 계획 전 유학원을 통해 확인하는 것이 바람직하다.

> 로마여행 첫날! 다 함께 김치

> 베니스 곤돌라에서 옹기종기

> 파리지앵 친구의 집

스탑오버(Stopover) 이용하기

몰타로 갈 때 어떤 항공사를 이용하였느냐에 따라 다르지만, 이용한 항공사의 경유지에서 스탑오버를 무료로 제공할 경우 기회를 놓치지 말자. 에미레이트 항공의 경우 두바이에서 최대 3일간 무료로 스탑오버 서비스를 제공하고 터키항공사는 이스탄불에서 최대 7일간 제공한다. 스탑오버를 신청할 경우 항공권 구매 전 항공사에 미리 요구한 다음 해당 날짜에 경유지에서 목적지로 가는 표가 있을 경우에만 신청할 수 있다.

유럽 친구 집에 놀러 가기

몰타 어학연수의 가장 큰 매력 중 하나로 몰타에서 만난 유럽 각국의 친구들 집에 놀러 가는 방법이 있다. 물론 외국인 친구에게 초대를 받았을 때 가능한 일이지만, 이럴 경우 현지에서 숙박비를 아낄 수 있을 뿐만 아니라 그 나라의 현지 문화를 경험할 수 있어 좋다.

02 | 장기간 여행 시 짐 보관 법

몰타로 어학연수를 왔다면, 그 기간이 단기가 되었든 장기가 되었든 일단 어마어마한 짐이 있기 마련이다. 특성상 잦은 이동을 해야 하는 유럽여행에서 크고 무거운 짐은 말 그대로 여행의 '짐'. 들고 다니기 힘들 정도의 큰 짐은 국제 택배를 이용해 한국으로 미리 보낼 수 있으며 대부분의 어학원에서는 학생들을 위해 연수 종료 후 짐 보관 서비스를 무료로 제공한다. 만약 그렇지 않으면 기숙사에 살고 있는 친구들에게 양해를 구해 짐 보관을 부탁할 수 있다.

STEP 03. 유럽여행 추천 국가

몰타에서 가기 좋은 국가 BEST 3

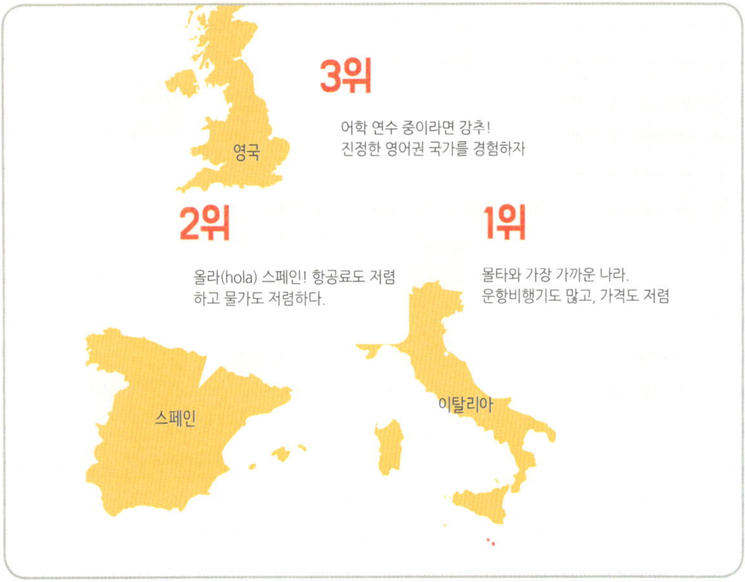

3위

어학 연수 중이라면 강추!
진정한 영어권 국가를 경험하자

영국

2위

올라(hola) 스페인! 항공료도 저렴하고 물가도 저렴하다.

스페인

1위

몰타와 가장 가까운 나라.
운항비행기도 많고, 가격도 저렴

이탈리아

👑 1위. 이탈리아

이탈리아의 시칠리아 섬 바로 아래에 위치한 몰타는 물리적으로 이탈리아와 가깝기 때문에 운항하는 비행기도 많고 가격도 싸다. 몰타에서 로마까지 비행기로 약 1시간 반 정도의 시간밖에 소요되지 않아 주말을 이용해 여행하는 경우도 더러 있다.

👑 2위. 스페인

거리 상으로는 떨어져 있지만 몰타-스페인 구간 항공권이 저렴하기 때문에 부담 없이 떠날 수 있다. 항공권 구매 시기와 프로모션에 따라 가격이 상이하지만 이탈리아를 제외한 다른 유럽 국가와 비교했을 때 항공권이 저렴한 편이다. 게다가 현지 물가도 저렴하기 때문에 주머니 사정이 가벼운 유학생과 여행자에겐 최고의 여행지.

👑 3위. 영국

사실 몰타에서 타 유럽연합 국가로 여행 가는 것은 국가 간 입출국이 자유로워 어디든 편하다. 유럽연합 회원국이 아닌 유럽 국가 중 몰타에서 가장 가기 쉬운 국가는 영국. 몰타 국적기인 에어 몰타를 비롯하여 몇 개의 항공사에서 직항을 운행한다. 진정한 영어권 국가를 경험할 수 있기 때문에 어학 연수중인 학생들에게 추천하는 국가이다.

내가 다녀온 유럽여행

외국인 친구들과 함께 무작정 떠났던 이탈리아 여행

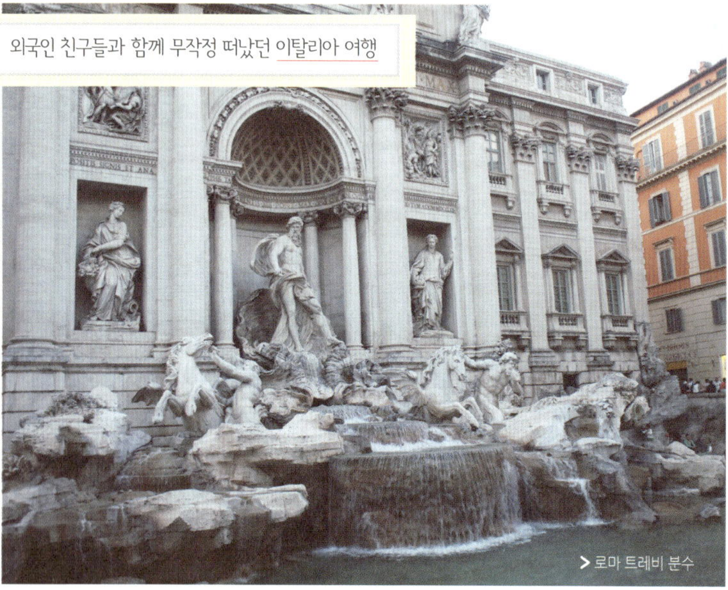

> 로마 트레비 분수

몰타 --(비행기 Ryanair)--> 로마 --(기차 Trenitalia)--> 베니스 --(비행기 Ryanair)--> 몰타

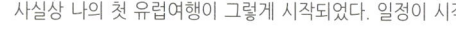

몰타에 도착한지 일주일이 채 안되던 날 나는 콜롬비아 친구들을 만났다. 뜨거운 여름의 서막을 알리던 불꽃놀이가 한창이던 몰타에서 우연히 친해진 친구들이었다. 다음날이 되자 친구들은 콜롬비아로 돌아가기 전 유럽여행을 떠난다고 했고, 불꽃놀이 같은 짧은 만남 뒤 우린 그렇게 헤어졌다. 얼마간의 시간이 흐른 뒤 우리가 다시 만난 곳은 이탈리아 로마의 어느 공항이었다.

우리가 몰타가 아닌 로마에서 만나게 된 연유는 이러하다. 유럽여행의 마지막 여행지가 이탈리아였던 친구들은 몰타가 이탈리아와 가깝다는 이유로 나에게 자신들의 마지막 여행에 합류하라는 것이었다. 이제 마지막일 수도 있다는 생각에 망설임 없이 로마행 티켓을 구입했다. 어느 공항이든 패스트푸드점이 있으니 그 앞에서 만나자는 약속만 한 채 나는 아무런 계획도, 예약도 없이 꿈에 그리던 이탈리아로 갔다. 꿈 같은 여행을 위하여.

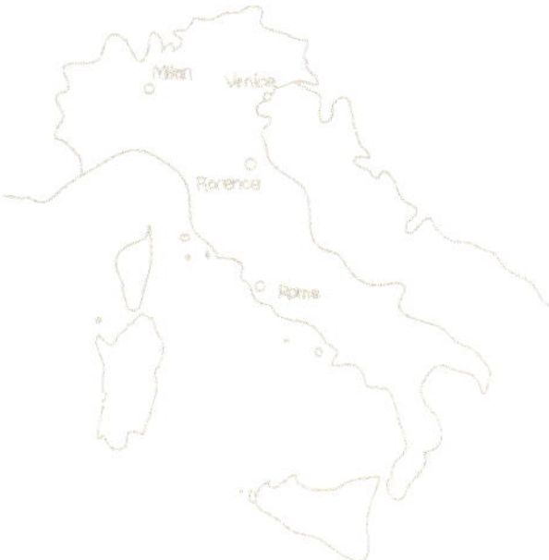

사실상 나의 첫 유럽여행이 그렇게 시작되었다. 일정이 시작되

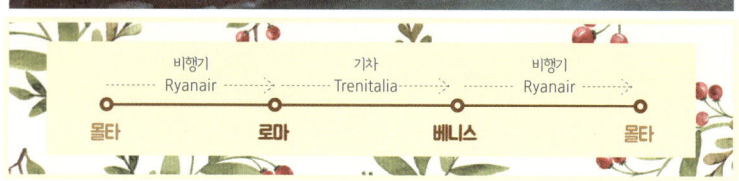

> 걷던 모든 길이 예술이던 로마

> 콜롬비아 친구 '카렌'

> 장대한 콜로세움

던 날 아침, 로마의 장대한 콜로세움 앞에서 난 멋지게 소매치기를 당했는데, 지갑엔 대략 300유로의 현금과 보안카드, 국제 학생증, 비상시 사용할 신용카드가 있었다. 여행 첫날부터 지갑을 잃어버린 나는 기분이 좋지 않았다. "괜찮아. 나중에 시간이 지나면 '와! 나 로마에서 소매치기당했어!'라고 말할 수 있는 날이 올 거야. 너무 속상해하지 마." 친구들은 시무룩해진 날 위로해 주었다. 그래 정말 다행이다. 돈만 잃어버려서 다행이었다. 여권과 핸드폰, 그리고 카메라가 무사하였고 추억은 잃어버리지 않아서.

비록 말은 제대로 통하지 않았지만 우린 열심히 걷고, 웃고, 떠들며 함께 이탈리아를 여행했다. 나는 국적이 다른 친구들과 함께 어둠이 깔린 로마의 조용한 거리를 걸었고, 트레비 분수를 바라보며 서로의 소원 하나씩을 빌어주었다. 종교가 없는 나에게 종교가 있던 친구들이 설명해준 바티칸은 그 어떤 투어보다 좋았고, 여섯이서 자리를 나눠 앉으며 탔던 베니스의 곤돌라는 잊을 수 없을 것이다. 아무런 계획도 없이 무작정 이탈리아로 떠났던 나는 그저 친구들이 데려다주는 곳으로 발걸음을 옮겨야만 했지만 그것만으로도 충분한 여행이었으니까 괜찮았다. 국적도, 나이도, 취향도, 생각도 다르지만 꿈같은 여행을 선물해준 콜롬비아 친구들이 고마웠다. 내가 만약 몰타로 떠나지 않았더라면 외국인 친구와 함께하는 여행을 할 수 있었을까? 몰타에 온지 일주일도 안됐는데, 꿈에도 생각지 못했던 일이 나에게 일어났다.

긴 유럽여행의 시작

몰타를 어학연수지로 선택했던 가장 큰 이유는 지리적 위치 때문이었다. 솔직히 말하면 나의 방황은 어학연수를 빙자한 여행이었기에 나는 떠나기 3개월 전부터 한 달짜리 유럽여행을 준비했다. 혼자 가는 첫 해외였던 탓도 있겠지만 그때만 해도 유럽에 어떤 나라가 있었는지도 몰랐으니 내 유럽여행 계획이 얼마나 막막하고 허무맹랑했는지 짐작이 갈 것이다. 대충 누구나 알법한 나라와 도시를 선정했고 머리를 쥐어짜며 겨우 루트를 완성했다. 유럽여행의 꽃이라는 유레일패스를 사려 했지만, 터무니없이 비싼 가격에 구간 권을 따로따로 예매했다. 한국에서 3개월 후의 유럽여행을 준비하는 막막함과 설렘이 뒤엉켜 이제는 기대감인지 걱정인지 모를 묘한 긴장감이 계속되었다.

방학을 이용해 떠나겠다는 나의 긴 유럽여행은 그렇게 철저히 계획하에 이루어졌다. 방학 날짜는 유학원을 통해 미리 신청해두었고, 모든 이동과 숙박은 떠나기 3개월 전 완벽히 예약해두었다. 이제는 진짜 떠나기만 하면 되는 일이었다.

> 런던의 상징 빨간 2층 버스

시작이 좋은 영국 여행 : 런던

> 영화에서만 봤던 '빅벤'

긴 유럽여행은 영국에서부터 시작되었다. 내 생에 영어를 모국어로 쓰는 나라는 처음이었던 터라 영어 시험을 치러 가는 학생마냥 괜한 긴장을 했다. 온갖 걱정으로 미리 알아두었던 입국 카드를 손에 힘을 주며 꾹꾹 눌러썼다. 어떻게 대답했는지도 모를 입국심사를 끝내고 길을 잃을까 노심초사 긴장하며 숙소를 찾았다. 지하철을 빠져나와 도로 위를 달리는 빨간 이층 버스를 보았을 때 비로소 내가 영국에 있다는 것을 알게 되었다.

무엇이든간에 '처음'은 쉽게 잊혀지지 않으며 말로 설명하지 못하는 애틋함과 특별함이 있다. 긴 여행의 처음으로 두었던 영국이 나에게 그러했다. 영어 듣기에서만 들었던 영국식 영어가 내가 가는 모든 곳에 배경음악처럼 깔렸고, 영화에서만 보았던 눈에 익은 장소들이 눈앞에 있었다. 사람들은 동양에서 온 작은 여행객에게 친절했고 런던의 지도와 교통 시스템은 이제 막 시작하는 여행 초보자에게 최적화되어 있었다. 아무것도 모르고 찾아갔던 곳에선 영국 여왕 생일 퍼레이드가 열리고 있었고, 빅벤을 보러 가던 길 위에선 벌거벗고 자전거를 타는 수백 명의 유럽인들과 마주쳤다. 런던으로부터 뜻밖의 선물을 받고 있는 듯한 기분에 '여행의 시작이 좋다'라며 나는 그렇게 나의 첫 장기 여행을 자축했다.

눈 앞에서 반짝이는 에펠탑, 프랑스 : 파리

> 해질녘 파리의 하늘

> 몽마르뜨 언덕과 사퀴레쾨르 성당

에펠탑을 처음 마주했을 때 '지금 내가 보고 있는 게 진짜인가'하는 의구심이 먼저 들었다. 사진으로만 숱하게 보았던 에펠탑이 정말 내 눈앞에서 반짝이고 있었고 나는 프랑스 파리에 있었다. 어릴 적 만화로 보았던 노트르담 대성당과 베르사유 궁전도, 재미있게 읽었던 책 '다빈치 코드'의 루브르 박물관도, 미술책에서만 봤던 모나리자도, 모두 내 눈앞에서 존재를 알리고 있었다. 파리 여행은 마치 스탬프를 찍으러 다니는 여행 같았다. 이미 알고 있었던 곳을 차근차근 찾아가 '다녀왔다'는 표시의 도장을 쾅 찍는 그런 여행. 나는 도장이 차곡차곡 찍힐 때마다 여행을 잘하고 있다는 작은 위안을 얻었다.

> 250개 국의 언어로 쓰인 '사랑해'

> 루브르 박물관의 '모나리자'

> 베르사유 궁전의 끝없는 정원

> 기차역의 아름다운 변신, 오르세미술관

사실 난 파리의 유명한 관광지를 보러 이리저리 다니는 시간보다 해가 질 무렵 에펠탑이 잘 보이는 잔디 위에 앉아 맥주나 와인 따위를 마시며 보내는 시간이 더 좋았다. 그날 하루 아무것도 못 했다 한들 에펠탑 한번 보는 것만으로도 충분한 위로가 되었던 파리 여행은 다음번에는 비싸더라도 꼭 에펠탑 근처의 숙소를 잡아야겠다는 싱거운 교훈으로 끝이 났다.

> 낭만적인 목조 다리 '카펠교'

내 여행의 쉼표, 스위스 : 베른과 루체른

스위스 여행에서 한국인들에게 유명한 인터라켄을 빼고 베른을 넣은 건 단순히 추위를 싫어하는 내가 융프라우에 관심이 갈 턱이 없었고, 한 나라에 왔으면 그 나라 수도는 들러야 하지 않겠냐는 간단하고 명료한 이유 때문이었다. 프랑스 파리에서 스위스의 베른까지는 초고속 전기열차인 테제베(TGV)를 이용해야 하는데, 유레일패스가 있는 사람도 예약해야 하는 기차라 저렴하고 좋은 표를 구하려면 부지런을 떨어야만 했다.

시차 때문인지 무엇 때문인지 알 수 없지만 나는 가장 저렴한 표를 놓쳐버렸고, 조급한 마음에 적당히 저렴한 표를 몇 번의 클릭만으로 구매했다. 파리에서 베른으로 가려면 바젤에서 환승을 해야 했는데 표를 사고 보니 환승 시간이 5분밖에 안 된다는 걸 알았다. 그나마 싼 가격의 표를 예매했다는 성취감도 잠시, 나의 자아는 혼돈 그 자체였다. '5분 환승이라니, 이게 가능하니까 판매하는

> 아름다운 루체른

거겠지?' '아냐 말도 안 돼. 기차가 연착되면 어쩌자는 거야?' '플랫폼이 바로 옆에 있나?'… 한국에서 문제를 해결하기 위해 몇 번의 시도를 했지만 결국 아무런 해답을 얻지 못했다. 이동하는 날은 언제나 긴장상태라 예민한 편이다. 혹시 길을 잃진 않을까, 짐을 잃어버리진 않을까 날이 선 신경을 곤두세우고 외부의 작은 자극에도 민감했다. 게다가 '5분 환승표'의 걱정까지 겹쳐 그야말로 극도의 긴장상태였다. 나는 문제의 표를 들고 파리의 리옹역으로 갔다. 심호흡을 크게 한 뒤 떨리는 마음으로 표를 바꿔줄 수 있는지 물어보았다. 매표직원은 확인해보겠다는 짧막한 말을 던진 다음 30분 뒤 기차로 표를 바꿔주었다. 3개월이 넘도록 들고 있던 묵은 고민치곤 너무 싱겁게 일이 해결되어 실망감까지 밀려왔다. 그제야 문득 '너무 스트레스를 받으며 여행을 하고 있었구나'라는 생각이 스쳤다. 해결이 안 되면 다음 열차를 타면 그만일 것을 마치 표를 바꾸지 못하면 큰일이라도 날 것처럼 고민하고 걱정했던 것이다. 나 너무 여행 재미없게 하고 있었구나.

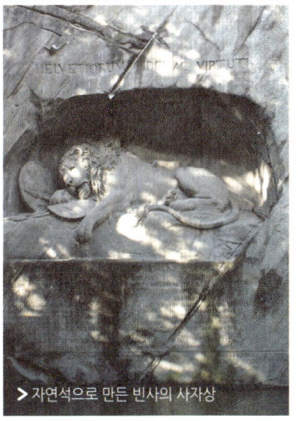
> 자연석으로 만든 빈사의 사자상

나는 이 일을 계기로 스위스를 내 여행의 쉼표로 삼기로 했다. 다음 여행이 재미있어지기 위해서는 날이 선 신경을 둥글게 만들 시간이 필요했고 오랜 여행으로 방전된 체력을 보충하고, 독이 오른 여독을 풀어야만 했기 때문이다. 그렇게 아무것도 하지 않고 스위스에 머물며 발길이 닿는 대로 걷고, 시간은 흐르는 대로 두었다. 스위스에서 한참의 시간을 보내고 난 뒤 여태 여행을 했던 것이 아니라 관광을 했다는 사실을 알게 되었다.

> 월트 디즈니 성의 모티브 '노이슈반슈타인 성'

진짜 '안녕', 독일 : 뮌헨, 퓌센

> 뮌헨의 신시청사

후기가 하나도 없는 표를 구매했었다. 유레일패스가 없다 보니 사람들이 잘 이용하지 않는 루트를 이용해야 했는데 그중 하나가 루체른에서 독일 뮌헨으로 넘어가는 구간이었다. 결론부터 말하자면 3개월 전 한국에서 의심 가득 구매했던 표를 무사히 사용했다는 것이다. 한국에서 미리 예매한 표들이 먼 나라 유럽에서 아무 문제 없이 쓰이는 걸 보니 당연한 건가 싶으면서도 신기했다.

이제부터 여행다운 여행을 하기로 했으니, 낮부터 맥주를 들이켰다. 잘 마시지도 못하는 술이지만 '독일에 가면 물 대신 맥주를 마셔라'라는 말을 듣기로 한 것이다. 스위스 여행의 후유증이 남아있던 탓인지 여행의 명목을 지켜줄 최소한의 관광마저도 싫어졌다. 무작정 거리를 걷고 지나다니는 주변 사람들을 구경하고, 그들의 표정을 읽어보고 싶은 마음에 연신 쉬지 않고 눌러댔던 카메라를 놓았다.

카메라를 놓으니 사람들이 눈에 들어왔다. 길 위를 걸으며 어쩌다 마주친 눈빛 속에서 짧은 '안녕'이라는 인사가 섞였다. 만약 나의 '안녕'도 그들이 알아봐 준다면, 그 우연이

성립된다면, 가끔은 진짜 '안녕'이라고 인사를 건네는 사람도, 내 여행 이야길 묻는 사람도 생긴다. 짧은 영어지만 진심을 나누기엔 부족하지 않았다. 어쩌면 살짝 올라와 버린 취기가 내 언어능력을 상승시켰는지도 모를 일이다. 나는 그들이 들려주는 독일에 대해 들었다. 그들이 말해주는 독일은 내가 생각했던 것보다 훨씬 아름답고 따뜻했다. 나에게 여행지인 이곳이 일상인 사람들이 들려주는 이야기는 내가 그 나라를 좀 더 사랑할 수 있도록 하기에 충분했다.

음악과 커피, 낭만이 함께한 오스트리아 : 짤츠부르크, 할슈타트, 비엔나

유럽을 여행하고 있으면 간혹 내가 지금 어디 있는지 헷갈릴 때가 있다. 독일과 근접해 있는 짤츠부르크에 있을 땐 정말 여기가 독일인지 오스트리아인지 너무 헷갈렸다. 그도 그럴 것이 독일에서 기차를 타고 내렸더니 오스트리아다. 난 분명 국경을 넘어왔지만 기차를 타고 내렸을 뿐 여권 검사는 고사하고 신분증 검사도 없었다. 서울에서 대전 가듯 독일에서 오스트리아로 넘어와있다니 이게 유럽여행의 매력이겠지?

> 동화 속 작은 마을 할슈타트

> 슈니첼과 굴라쉬

내가 간 오스트리아의 소도시들은 어느 동화의 배경이 될 것 같이 작고 아름다웠다. 유럽을 여타 다른 건물들처럼 크고 웅장한 것이 아니라 아기자기한 건물들이 다닥다닥 붙어있는 작고 귀여운 마을에서 우연히 결혼식을 보았다. 함께 음식과 이야기를 나누며 축복해주는 작지만 아름다운 결혼식이었다. 여행의 기억은 어찌 보면 참 간사하다. 이렇게 우연히 맞닥뜨린 작은 선물 같은 순간이 내 여행에서 가장 좋았던 순간 혹은 그 비슷한 무엇으로 자리 잡게 되면서 그곳이 좋아진다. 별다른 기대 없이 '한번 가볼까?'해서 갔던 곳인데, 오지 않았다면 이 아름다운 걸 보지 못 했을 생각을 하니 아찔했다. 음악의 나라라고 불리는 오스트리아를 걷고 있으니 왜 이 나라에서 아름다운 음악이 많이 만들어졌는지 이해가 되었다. 음악과 커피, 그리고 낭만이 함께 있는 오스트리아 여행은 기대하지 않았던 어느 평범한 날, 사랑하는 사람에게 꽃 다발 한 아름을 받은 듯한 행복을 나에게 주었다.

> 빨간 지붕의 체스키크룸로프

첫 유럽의 끝은 체코 : 프라하, 체스키크룸로프

이곳에 와보니 왜 우리나라 사람들에게 프라하가 신혼 여행지로 꾸준한 사랑을 받고 있는지 알 것만 같다. 작고 아담한 체코의 수도 프라하는 농도 짙게 유럽의 모습을 담고 있었다. 빨간 지붕의 마을 체스키크룸로프도 어릴 적 만화에서만 보았던 유럽의 모습을 똑 닮아있었다. 옹기종기 모여있는 종이상자 같은 집 사이로 난 작은 골목길에서 꽉 조인 코르셋에 풍성한 드레스를 입은 여자가 걸어 나올 것만 같다. 길을 잃어도 좋을 것 같은 체코의 길 위에서 나는 열심히 걸었다.

길었던 나의 유럽여행이 비로소 체코에서 끝이 났다. 한국에서 의심 가득 구매했던 표도 무사히 다 이용했고, 크게 나라와 도시만 정해놓고 왔던 첫 장기여행치곤 꽤나 성공적이었다. 이제는 그냥 어서 빨리 몰타로 돌아가고 싶은 마음뿐이었다. 여행은 언제나 즐겁지만 많은 체력 소모가 뒤따랐기에 이제는 집만큼이나 편해진 기숙사 작은방 침대에 누워 편히 쉬고 싶은 마음이 간절했다. 다시 한국으로 돌아가기 위해 10시간 이상의 비행이 아닌 단 몇 시간 만의 비행으로 돌아갈 곳이 가까이에 있다는 건, 정말 사소하지만 큰 행복이었다.

다시 찾은 베니스

몰타 —— 비행기 Ryanair —— 베니스 —— 비행기 Ryanair —— 몰타

걱정 마, 우리의 밤은 길어 이탈리아 : 베니스

FONDAMENTA
TERRANOVA

> 알록달록 부라노 섬

사실 베니스는 콜롬비아 친구들과 이미 한번 다녀온 도시였다. 물 위에 세워진 작은 마을로 미로처럼 엉킨 골목 사이사이로 아름답고 이국적인 풍경을 선물해주었던 곳으로 유럽에 대해 전혀 몰랐던 나이지만 베니스만큼은 한국에서부터 꼭 한번 가보고 싶었다.

아무런 계획 없이 갑작스럽게 떠나게 된 베니스라 그랬던 것인지, 아니면 콜롬비아 친구들과 함께 있는 것만으로도 마냥 좋아 그랬던 것이었는지 막상 몰타로 돌아와서 생각해보니 못 가본 곳도, 못 해본 것도, 못 먹은 것도 많았다. 베니스를 갔다 왔다고 하기엔 그저 수박겉핥기 식으로 다녔고 그렇다고 해서 안 간 건 아닌 애매한 상황만큼 나의 마음도 애매하긴 마찬가지였다. 그래서 다시 한 번 더 베니스로 떠났다. 이 모든 게 몰타니까 가능했다. 몰타에서 가장 가까운 나라가 이탈리아인 만큼 항공권은 저렴했고 비행시간은 2시간 남짓이면 충분했으니까. 늘 부족했던 돈 때문에 여행을 할까 말까 고민했지만 '한국에서 출발했으면…'이라는 전제가 내 여행을 가능하게 했다. 여긴 몰타니까.

한 번 왔던 여행지를 두 번 가는 경험은 처음이었다. 왔던 곳이니까 별다른 감흥이 없을 줄 알았는데 익숙한 곳이라 더욱 좋았다. 5월 콜롬비

> 그림 같은 베니스의 부라노 섬

> 황금빛 산 마르코 광장

아 친구들과 함께 왔던 기억이 함께했던 공간을 지나칠 때마다 추억이 되어 새록새록 떠올랐다. 다시 찾은 베니스에서 가보고 싶었던 곳을 가고, 해보고 싶은 것을 하고, 먹어보고 싶었던 음식을 먹었다. 그제야 베니스를 여행했노라 말할 수 있을 것 같았고 다시 오길 참 잘했다는 생각이 들었다.

베니스에 있던 어느 날 밤, 산 마르코 광장에서 나와 맥주 한 캔을 사 들고 홀짝이던 그 날 밤, 그냥 집에 들어가기는 아쉬워 불이 켜진 가게를 찾아 돌아다녔었다. 한국이었으면 아직 영업이 한창일 시간일 테지만 베니스에선 모든 가게가 깜깜했다. 그렇게 한참을 돌아다니다 작은 호텔 아래에 자리한 바를 발견했다. 시간이 조금 늦었지만 혹시나 하는 마음에 영업시간을 조심스럽게 물어보았었는데 우연히 찾아 들어간 그곳에 종업원이 했던 대답이 오랫동안 마음에 남는다.
"걱정 마, 우리의 밤은 길어"

베니스는
늘 옳아요~!

파리지앵과 함께 한 파리 여행

> 프랑스식 아침 식사

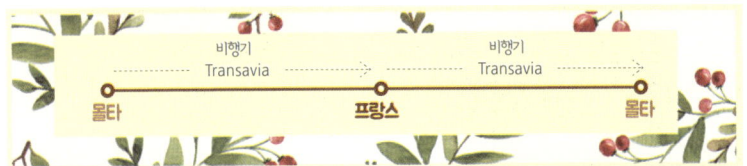

다시 찾은 프랑스 : 파리

'우리 집에 놀러 올래?' 그 말에 두 번째 파리행 티켓을 끊었다. 제롬은 몰타에서 만난 프랑스 친구로 방학을 맞아 내가 다니고 있던 어학원의 인턴으로 왔었는데 숙소가 바로 옆이라 친해졌다. 짧은 인턴십을 끝내고 파리로 돌아간 제롬이 자기 집으로 나를 초대했다. 친구의 빈자리가 그립기도 했고, 친구가 '살고 있는' 파리가 궁금했기에 나는 또다시 파리로 향했다.

나는 제롬이 자란 집에서 일주일 가량을 머물렀다. 프랑스 가정집은 처음이라 딱히 비교할 말을 찾지 못하겠지만 무척이나 따뜻하고 포근한 곳이었다. 1년에 한 번 생일이 되면 키를 재던 문틀이 있었고, 집안 곳곳에는 제롬의 어릴 적 사진이 걸려있었다. 집 구경이 끝날 때쯤 제롬의 엄마가 맛있는 음식을 주셨는데, 어찌나 맛있던지 바닥까지 깨끗이 먹었다. 엄마가 해주는 음식은 늘 맛있는 것 같다. 설령 그곳이 프랑스일지라도. 두 번째로 간 파리는 첫 번째 파리 여행과 사뭇 달랐

> 파리 대학 수업 도강

다. 나는 그곳에서 제롬이 다니던 대학에 놀러 갔고, 교수님 몰래 수업을 들었다. 친구들과 함께 근처 공원으로 나가 수다를 떨었고 집으로 돌아가는 길에는 마카롱을 샀다. 미처 가지 못했던 곳을 놀러 갈 때는 지도를 챙길 필요가 없었고, 궁금한 게 있을 때면 제롬은 늘 나를 대신해 물어봐 주었다. 지하철이 아닌 스쿠터로 파리 시내를 돌아다녔고, 여행 책자에 나오는 맛집이 아닌 제롬이 자주 가는 식당에서 밥을 먹었다. 하루의 시작은 프랑스 엄마 아빠의 비쥬(Bijou)로 시작했고, 달콤한 포옹으로 마무리했다. 프랑스 친구를 만나지 않았

> 오페라하우스 앞에서 제롬과 함께   > 마들렌 사원의 오르간

> 184cm 제롬이 매년 쟀던 키

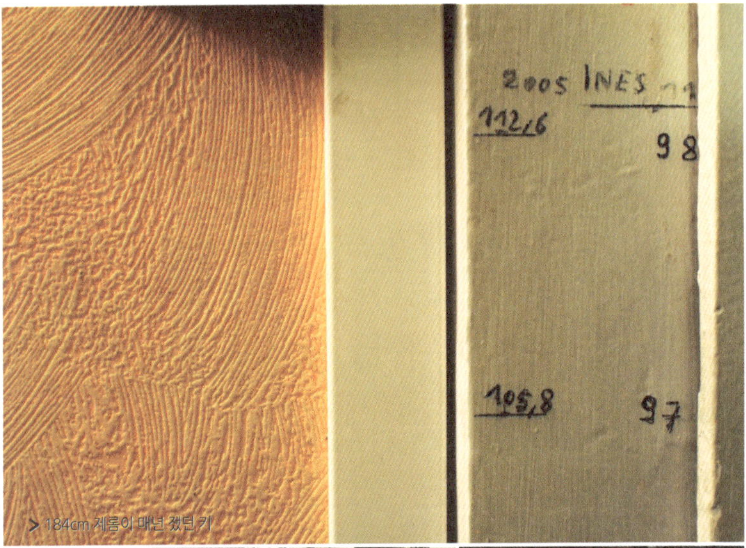

다면, 몰타에 오지 않았다면 없었을 경험이었다.
몰타의 수많은 매력 중 가장 큰 매력은 다양한 국적의 친구들을 만날 수 있다는 점이다. 특히 유럽 친구들과 친해지면 나처럼 친구 집에 초대받는 일이 종종 있다. 현지인이 있는 나라에 여행을 가는 일이란 얼마나 값진 경험인가. 누군가에겐 꿈도 꾸지 못할 경험일 것이고, 누군가에겐 로망일 여행이다. 이것 하나만으로도 몰타에 오길 잘했다는 이유는 충분했다.

가보고 싶은 곳 가기, 그리고 독일 친구 집

| 몰타 | 비행기 Ryanair | 이탈리아 | 비행기 Wizz Air | 헝가리 | 비행기 Ryanair | 독일 | 비행기 Air Malta | 몰타 |

다이나믹한 세번째 이탈리아 : 피사, 피렌체, 밀라노, 친퀘테레

10월, 그러니까 마지막으로 이탈리아를 다녀온 지 두 달 만에 또 이탈리아로 떠났다. 로마와 베니스를 다녀왔지만 아직 못 가본 곳이 많았기 때문이다. 몰타로 오기 전 한창 유럽여행에 들떠있었던 나는 소셜 네트워크 서비스에서 유럽여행과 관련된 페이지를 받아보고 있었는데, 하루에도 몇 개씩 올라오는 수많은 유럽 사진들 가운데 유독 내 마음을 끌어당겼던 곳이 바로 친퀘테레였다. 사진 속 풍경을 직접 보고 싶어졌고, 가보고 싶었던 곳이니까 가보기로 했다. 말했지만 몰타에서 가장 가까운 나라가 이탈리아이니까. 그렇게 한국에서 제주도 가듯 이탈리아로 떠났.

이제는 어느 정도 여행이 쉬워졌다고 여겼던 탓인지 긴장이 풀린 모양이다. 이동하는 첫날부터 보딩패스를 출력하지 않아 15유로나 되는 추가 요금을 지불해야만 했다. 영화 '냉정과 열정 사이' 때문에 와보고 싶었던 피렌체에선 몸이 아파 응급실을 찾아가야만 했었고 내 생애 처음으로 외국인 의사에게 진료상담을 받아봤다. 한번은 잘 사용하던 발권기계가 무슨 연유인지 거스름돈을 주지 않았다. 거스름돈 2유로를 받기 위해 역무원에게 내 상황을 한참 설명하고 있는데 곧 기차가 출발한다는 방송이 나왔다. 결국 2유로는 포기하고 급하게 기차에 올라탔는데, 이탈리아 기차여행에서 가장 중요하다는 펀칭을 잊고 탔던 것이다. 결국

> 피렌체 두오모 성당과 전경

> 친퀘테레, 5번째 마을 몬테로소

나는 벌금까지 내면서 세 번째 이탈리아 여행을 다이나믹하게 했다.
내지 않아도 괜찮았을 벌금을 냈고, 몸이 아파 여행다운 여행을 하지 못했어도 속상하고 슬프기보다 웃기고 재미있었다. 길을 잃을까, 실수할까 마음 졸이며 했던 여행은 완벽했지만 무미건조했었는데 이번 여행은 달고, 쓰고, 맵고, 짜다. 여행에 이야깃거리가 많다는 건 그만큼 추억할 게 많다는 일이니까 괜찮았다. 나에겐 여행할 시간이 아직 많이 남아있었으니 그 또한 괜찮은 일이었다. 짧은 휴가를 쪼개고 쪼개어 눈도장 찍듯 하는 여행이 아니니까 머물고 싶은 만큼 머물고 그게 아니면 다시 또 오면 되는 일이니 괜찮았다. 시간이 충분하다는 것, 그것은 여행에서 참 다행스러운 일이었다. 특히나 이런 에피소드가 많은 여행에서, 내가 꼭 한 번은 와보고 싶었던 여행지에서, 무엇보다 아름답고 좋은 여행지에서 말이다.

저렴한 물가의 야경깡패 헝가리 : 부다페스트

몰타에 지내다 보면 다른 사람들이 다녀온 유럽여행기를 곧잘 듣곤 한다. 내가 다녀왔던 여행지에서부터 다녀오지 못한 새로운 여행지까지 다양한 나라와 도시들의 이야기를 듣게 되는데 같은 나라를 다녀왔다 하더라도 개인의 취향이라는 지극히 주관적인 영향 때문에 여행지에 대한 견해는 제각각일 수밖에 없다. 누군가에겐 잊을 수 없던 최고의 여행지가 누군가에겐 최악의 여행지가 될 수 있는 것이다. 헌데 다녀온 사람들 모두가 입을 모아 칭찬하는 곳이 있었다. 바로 헝가리의 수도 부다페스트. 도대체 어떤 곳이길래 다들 입을 모아 칭찬하는 것인지 직접 찾아가 보지 않고선 참을 수가 없었다. 나는 몰타에 있었고, 몰타에서는 마음만 먹으면 아무리 비싸도 20만 원이 넘지 않는 비행기 표로 어디든 갈 수 있었다.

> 모자이크 지붕이 매력적인 마차시 성당

> 부다페스트 영웅광장

> 아름다운 부다왕궁

> 오페라하우스

> 중앙시장

> 뉴욕 카페

도대체 얼마나 좋길래 다들 그러는 거야, 하고 오게 된 부다페스트에 직접 와보니 왜 다들 입을 모아 칭찬을 했는지 알 수 있었다. 보통 기대를 하게 되면 실망은 필수 불가결한 것인데 이상했다. 일단 유럽 특유의 웅장하고 멋진 건물이 아름답고 푸른 도나우 강 옆으로 그림처럼 녹아있고 노란색 트램이 만들어내는 이국적인 분위기가 좋았다. '야경 깡패'라는 명성에 맞게 밤이 되면 아름다운 야경을 선물해 주었던 부다페스트는 맛있는 음식들과 동유럽의 착한 물가까지 더해졌다. 유럽여행의 특징상 한번 시작하면 일주일 이상의 장기 여행이 되기 쉬운데, 여독을 풀어줄 온천까지 있으니 여행자에겐 더할 나위 없이 좋은 여행지인 셈이다.

이번 부다페스트 여행에서는 처음으로 B&B 숙소를 이용했었다. 저렴한 물가 탓인지 B&B 형태의 숙소가 다른 유럽에 비해 훨씬 저렴했기 때문인데 아파트 집 전체를 빌리는데 3만 원이 되지 않았다. 게다가 이곳에서는 자전거도 무료로 대여해줬었는데 덕분에 부다페스트에서는 자전거 여행을 할 수 있었다. 가을바람이 살랑살랑 불어오는 10월의 이곳에서 자전거 여행은 그야말로 감동이었다. 아직도 두 뺨을 스치던 그 날의 부드러운 바람을 기억한다.

초대해줘서 고마워, 독일 : 프랑크푸르트

> 비 내리는 뢰머광장

제롬 집에 놀러 간 사진을 보았는지 독일에 사는 글렌이 나에게 메시지를 보냈다. 프랑스는 잘 다녀왔냐고 물으며 자기 집에도 놀러 오라던 글렌의 말이 처음엔 인사치레하는 말인 줄 알았다. 그냥 오랜만에 연락한 사람에게 '언제 한번 만나요'라고 말하는 것처럼 별 뜻 없고 기약 없는 그런 말. 그래서 나도 '네, 언제 시간 될 때 봐요' 처럼 별 뜻 없이 '응, 나도 가고 싶어' 라고 대답했다. 근데 글렌은 진심이었나 보다. 그날 이후로 몰타에서 프랑크푸르트로 가는 비행기 스케줄을 항공사별로 보내주었다. 나 정말 가야 하나?

> 독일 친구 글랜의 집

> 할머니가 만들어 주신 땅콩 스프와 팬케이크

프랑스 현지인 집에서 지냈던 시간이 너무 좋았어서 그만, 난 또 그렇게 계획에 없던 또 다른 여행을 시작했다. 아니 어쩌면 프랑스에서 보냈던 그 시간이 그리워서 그랬는지도 모르겠다. 글랜은 엄마와 할아버지, 할머니 그리고 고양이와 함께 살고 있었다. 작은 정원이 있는 3층짜리 예쁜 집은, 영화에서만 보았던 그런 집이었다. 나는 맨 꼭대기인 3층에서 머물렀는데 창문 덕에 누우면 별과 달이 보이는 삼각형 지붕을 가진 그런 집이었다.

첫 날, 방 이곳저곳을 구경하다 어릴 적 사진으로 꾸며진 벽을 보았다. 사진 속에는 지금의 모습에서 찾아볼 수 없는 귀여운 꼬마 글랜이 방긋 웃거나 울고 있었다. 지금의 글랜 눈은 올리브색인데 사진 속 어린 글랜은 새파란 눈을 가지고 있었다. "있잖아 글랜, 어릴 때랑 눈 색이 다르네?" 궁금한 마음에 나는 질문했다. "아 그거? 내가 다섯 살 때쯤인가 그때 바뀌었는데."

> 독일 프랑크푸르트의 야경

10월의 프랑크푸르트 날씨는 흐렸다. 촉촉하게 가을비가 떨어지는 터라 내리 이틀은 집에서만 보냈다. 오랜만에 집에서 쉬는 듯한 편안함에 영화를 보거나, 음식을 만들어 먹거나, 쌉싸름한 커피 한 잔과 달콤한 초콜릿을 먹으며 오래된 사진을 본다거나, 보드란 털이 가득한 고양이를 만지며 시간을 보냈다. 그러다 날이 개면 마인 강으로 나가 시내 구경을 하고 유람선을 탔고 독일 사람이 추천하는 독일 맥주를 마시고 소시지를 먹었다. 참 별거 아닌데 현지인과 함께하니 모든 것이 특별해졌다. 외국인 친구를 집으로 초대한다는 것이 쉽지 않은 일인데 날 초대해준 친구들에게 새삼 고마웠다. 언제 한 번은 꼭 한국에 놀러 오라고, 그땐 우리 집에 놀러 오라고 약속을 하고 우린 헤어졌다.

남는 건 여행뿐

몰타 — Vueling(비행기) → 스페인 — TAP(비행기) → 포르투갈 — EasyJet(비행기) → 스페인 — Ryanair(비행기) → 몰타

1일 3잔 마성의 샹그리아, 스페인 : 바르셀로나

몰타에서 바르셀로나까지는 대략 2시간이 걸렸다. 비교적 짧은 비행으로 도착한 이곳은 같은 지중해와 맞닿아 있지만 작은 섬나라 몰타와는 전혀 다른 곳으로, 빼곡하게 세워진 높은 건물들과 빌딩이 보였다. 오랜만에 보는 익숙한 풍경이다. 한국과 비슷하면서도 또 다른 느낌의 바르셀로나는 반듯하게 그려진 도로와 많은 사람들로 북적이고 있었다.

가우디의 도시 바르셀로나에서 내가 찾아다닌 건 맛있는 음식을 즐길 식당이었다. 블로그에 포스팅 된 '내가 간 곳이 맛집'인 곳을 신뢰하지 않는 터라 무작정 나만의 맛집을 찾아 떠났다. 내가 생각하는 맛집의 조건은 최대한 현지 분위기를 가지고 있고 관광객보다 현지인이 많아야 한다. 적당히 괜찮은 분위기와 적당한 사람들만 있으면 되는데 그런 식당을 찾는 게 여간 쉬운 일은 아니다. 몇 시간을 헤맨 끝에 마음에 드는 식당을 발견했고 망설임 없이 샹그리아를 주문했다. 샹그리아는 보통 와인에 오렌지, 사과 등 과일을 잘라 넣고 숙성시켜 탄산수를 섞어 마시는 술로 스페인 사람들이 즐겨 마시는 음료다.

바르셀로나에 머무는 동안 1일 3잔의 샹그리아를 실천했지만 첫날 내가 찾은 가게와 비교 불가능했다. 이곳을 떠나면 한동안 혹은 다신 마실 수 없다는 생각에 마지막 날 밤 다시 그곳으로 갔다. 한참 맛있게 샹그리아를 마시는데 외국인이 말을 걸어왔다. 직장인 아마추어 축구모임으로 잉글랜드에서 왔노라며 자신들을 간단히 소개했다. 내일 경기가 있어 왔다는 그들에 말에 나는 '내일 경기인데 이렇게 술 마시고 놀아도 괜찮아?'라고 물었고, 그들은 나에게 '넌 내일 비행기 탄다며 이렇게 술 마시고 놀아도 되냐'라고 맞받아쳤다. 그래 이렇게 만난 것도 인연인데 놀자!

사실 술을 지독히 못 하는 나는 몇 잔의 샹그리아에 지고 말았다. 새벽부터 아침까지 마신 샹그리아를 도로 뱉어내고도 속이 좋지 않았다. 버스나 기차였으면 과감히 포기하고 다음 차를 탔을 텐데 하필 비행기라니. 무슨 정신으로 공항까지 갔는지 모르겠으나 힘겹게 발권을 하러 가니 비행기가 연착되었다는 감사한 말을 해주었다. 유럽여행 동안 19번의 비행이 있었지만 처음이자 마지막으로 있었던 연착이었다. 덕분에 3시간을 공항에서 죽은 듯 잤고 숙취를 어느 정도 해결할 수 있었다. 가끔 기가 막히게 맞아주는 '우연'이 있으니 우리의 여행이 더욱 즐거운 게 아닐까?

> 가우디의 모자이크

> 구엘 공원

> 스페인에서 만나진 영국 친구들

에그타르트 먹으러 포르투갈 : 리스본, 까스까이스, 호까 곶, 신트라

가끔은 정말 어이없는 이유로 늘 마음속에 품고만 있던 여행을 쉽게 결정하곤 한다. 어느 날 맑고 푸른 하늘이 너무 좋아 여행을 떠난다거나, 친구가 무심코 '좋아요'를 누른 사진이 나도 좋아 떠난다거나 그런 터무니없는 이유로 훌쩍 떠나는 것 또한 여행이다. "나 에그타르트 먹으러 포르투갈 갈 거야." 나는 저녁이면 늘 마주 앉아 차를 마시던 친구에게 말했고, 포르투갈로 떠났다.

높고 낮은 언덕이 물결을 이루고 낡은 노란색 트램이 그 언덕을 오르내리던 곳. 밤이면 황금빛으로 물들던 아름다운 리스본을 만났다. 곳곳이 비밀

> 벨렘지구 제로니무스 수도원

통로로 연결되어 신비한 이야기를 가득 품고 있을 것 같았던 헤갈레이라 별장에서 하루의 절반을 내놓았고, 세상의 끝이라 믿었던 유럽의 최서단에 서서 끝없이 펼쳐진 대서양을 바라봤다. 까스까이스에서 본 일몰은 비록 수평선 너머로 떨어지지 않았지만 충분히 아름다웠다.
아무런 조건과 이유 없이 좋은 사람이 있었다. 하릴없이 마주 보고만 있어도 마냥 좋았던 사람. 말하기를 좋아하는 나이지만 아무 말 없이 몇 시간을 있어도 마음이 편했던 사람. 포르투갈이 나에게 그랬다. 별다른 이유 없이 참 좋은 곳. 무엇을 하지 않고 가만히 있어도 좋았던 곳. 적당히 아름다운 풍경과 친절한 사람들 그리고 맛있는 음식들이 늘 마음을 편하게 해주었다. 누군가 나에게 이번 유럽여행 중 어느 곳이 가장 좋았냐고 물어본다면 나는 선뜻 대답할 수 없을 것이다. 도시마다 가지고 있는 매력은 저마다 다르고, 그곳이기 때문에 좋은 점이 있기 때문이다. 하지만 만약 누군가 나에게 여행했던 도시 중 한 번 더 가보고 싶은 곳이 어디냐 물어본다면 나는 망설임 없이 포르투갈이라고 말할 것이다.

> 수수께끼 가득한 헤갈레이라 별장

> 리스본의 야경

> 백설공주 성이 있는 세고비아

따뜻한 사람들의 도시 스페인 : 마드리드, 톨레도, 세고비아

바르셀로나에서 마드리드를 가지 않고 굳이 포르투갈을 거쳐 간 건 이동시간 때문이었다. 바르셀로나에서 마드리드까지 버스로 이동하면 대략 7시간이 걸리고 기차로 3시간이 조금 넘게 걸린다. 티켓을 잘만 구하면 기차 값과 비슷하게 혹은 저렴하게 비행기표를 구매할 수 있는데, 몰타로 돌아가는 비행기가 마드리드에서 더 저렴해 이런 루트가 만들어졌다. 이곳은 저가항공이 잘 되어있는 유럽이니까. 비행기는 이동 시간을 아껴주고 결코 비싸지 않았기에 유럽여행 중 가장 많이 이용한 교통수단이 되었다.

혼자 시작한 여행이었지만 마드리드로 넘어올 때는 혼자가 아니었다. 홀로 배낭여행을 떠나는 묘미도 이런 것이겠지. 포르투갈에서 만난 동생과 우연히 마드리드행 비행기가 겹쳤다. 신기하다며 이야기하고 있는데 웬걸 마드리드에서 숙소까지 같았다. 우연이 겹치니 인연이겠지라고 말하며 우리는 마드리드에서 모든 일정을 함께 공유했다. 만약 혼자 하는 여행이 두려워 시작도 못 하는 사람이 있다면 감히 겁먹지 말고 떠나라 말해주고 싶다. 시작을 혼자 했다고 할지언정 끝까지 혼자란 법은 없으니까.

나쁘게 말하면 오지랖이 넓다고 말할 정도로 스페인 사람들은 친절했는데 비록 영어를 전혀 못 할지언정 그들은 언제나 길을 잃은 불쌍한 여행객을 도와주려 힘썼고 늘 웃

> 아담하고 예쁜 도시 톨레도

> 코치니요

> 돌로 쌓은 수도교

> 톨레도의 성당

으며 먼저 인사해주었다. 스페인의 작은 소도시를 가도 그랬고, 수도인 마드리드에서도 마찬가지였다. 나도 한국으로 여행 온 외국인에게 친절한 사람이었던가 생각이 스치며 다시 한국으로 돌아가면 좀 더 친절한 사람이 되어야겠다고 생각했다. 이따금은 여행지가 사람들 때문에 좋아지기도 하고 싫어지기도 하니까.

스페인이 좋았던 이유는 정교하게 쌓아 올려진 수도교 때문도 아니고, 미니기차를 타며 둘러보았던 작고 아름다운 톨레도의 풍경 때문도 아니었다. 스페인 그곳에는 '츄러스'라는 말을 알아듣고 마드리드 최고의 츄러스 집으로 안내해주신 할아버지가 계셨고, 어디에서 왔냐며 따뜻한 말 한마디 걸어주는 사람들이 있었다. 여행이 계속되는 순간에는 함께 타파스와빠에야를 나누어 먹을 사람이 있어 나는 스페인이 좋았다.

공짜로 즐기는 마지막 여행

길었던 여행의 마침표 터키 : 이스탄불, 부르사

몰타로 가기 위해서는 살인적인 비행시간과 직항이 없다는 단점이 있지만, 이 단점을 역이용할 수 있게 해주는 스탑오버(Stopover)라는 시스템이 있다. 스탑오버란 경유지에서 24시간 이상 체류하는 것을 의미하는데 잘만 이용하면 지루한 긴 이동에서 덤으로 다른 나라를 여행할 기회를 얻을 수 있다.

보통 몰타로 가는 사람들은 아랍에미레이트를 이용하기 때문에 한국으로 돌아가기 전 두바이에서 공짜 여행을 즐긴다. 나는 터키항공을 이용했는데, 경유지인 이스탄불에서 스탑오버를 신청할 수 있었다. 사실 한국에서 스탑오버를 신청하는 그때까지

> 보스포루스 해협을 따라 유람선 타기

> 블루 모스크 야경

만 해도 내가 몰타에서 터키 친구들을 만날 것이라고, 그 친구와 함께 터키 여행을 하게 될 줄이라곤 상상도 못 했다.

몰타에서 나의 좋은 친구이자 영어 선생님이 되어준 오노르를 공항에서 만나기로 했다. 사실 오노르는 이스탄불에서 배로 3시간 이상 떨어진 부르사라는 지역에 살고 있었는데, 그런 오노르는 날 위해 자기도 이스탄불에 숙박을 예약했고 아침마다 내가 머무는 숙소로 마중 왔었다. 워낙 역사에 관심도 많고 박학다식한 친구라 이스탄불 곳곳을 데려다주며 내 개인 가이드를 자처했다. 덕분에 오스만 제국과 비잔틴에 대해 그리고 터키에 대해 좀 더 많이 알 수 있었다.

하루쯤은 시간을 내서 자기 집으로 가자고 오노르는 내게 말했다. 옛날 오스만의 수도였던 부르사는 인구 95만 명이 사는 큰 도시로 나는 그곳에서 오노르의 가족을 만났다. 히잡을 두르고 계셨던 엄마와 푸근한 인상의 아빠가 반갑게 맞이해주었고 웃는 게 예뻤던 오노르의 조카도 함께 있었다. 도란도란 가족들과 함께 시간을 나누며 특별한 경험을 또 하나 만들었다. 외국인 친구들이

> 가장 큰 시장 그랜드바자르

> 빠지면 서운한 터키 케밥

한국에 온다면 나는 이런 친절을 기꺼이 베풀 수 있을까? 나는 그들의 친절에 또다시 감사함을 느꼈다.
한국으로 돌아가는 마지막 날, 퇴근 후 일부러 공항까지 달려와준 또 다른 터키 친구 세믹과 넬라는 돈이 다 떨어진 나에게 걱정 말라며 뭐든 해주고 싶고, 사주고 싶어서 안달이었다. 돌이켜보면 몰타에 있을 때 대단히 잘해 준 것 하나 없는데도 이렇게 곁을 지켜주는 친구들이 고마웠다. 시간은 이미 늦었지만 세믹과 넬라는 내 곁을 떠날 줄 몰랐다. 내일 당장 출근해야 하는 그들이 걱정스러워 겨우겨우 집으로 돌려보냈는데 떠나기 직전 터키 돈을 내 손에 쥐여주며 혹시 모르니 들고 있으라고 말하는 친구들이 고마웠다.

> 터키 가정식

> 친절한 터키 친구들

> 갈라타 타워에서 내려다 본 이스탄불

> 터키 전통 차 살렙과 차이 티

그렇게 나는 다시 한국으로 돌아가는 비행기를 탔다. 항공권을 예매할 때만 해도 그저 스탑오버가 되니 공짜 여행이나 해볼 셈이었는데 마지막까지 나의 귀국을 걱정하는 터키 친구들이 함께 있을 줄은, 터키 현지인 집에 놀러 갈 줄은, 터키 친구와 함께 여행할 줄은 꿈에도 몰랐다. 콜롬비아 친구들과 함께 이탈리아 여행을 할 줄 예상이나 했을까. 이탈리아를 제주도 가듯 몇 번이고 갈 줄 알았을까. 프랑스, 독일 현지인 집에서 일주일을 머물 줄 알았을까. 이렇게 좋은 친구들을 만나고 많은 것을 경험할 줄 상상이나 했을까. 이 모든 것을 몰타에 발을 내디뎠던 그 날까지도 나는 전혀 예상하지 못했다.

해외 비상 연락망

몰타에는 대사관이 없기 때문에 주 이탈리아 대사관이 몰타를 겸임하고 있다. 몰타 수도인 발레타에 '대한민국명예총영사관'이 있어 어느 정도의 도움을 받을 수 있지만 대사관 업무를 도맡아 하진 않는다. 만약 몰타에서 문제가 생기거나 도움을 받아야 하는 상황이라면 이탈리아 대사관으로 연락을 취하는 것이 바람직하다.

주 이탈리아 대한민국 대사관

주소 : Via Barnaba Oriani, 30 - 00197 Roma, ITALY
대표 전화 : (+39) 06.802461
대표 메일 : consul-it@mofa.go.kr
업무시간 : 월-금요일 09:30 ~ 12:00, 14:00 ~ 16:30
휴일 당직 전화 : (+39) 335-1850499
영사과 전화
여권 : (+39) 06.80246227
영사확인, 호적, 재외국민등록, 병역 : (+39) 06.80246227
비자 : (+39) 06.80246226
영사과 비상전화 : (+39) 335-6088445, (+39) 335-1850383, (+39) 335-1850714

Special thanks to

이 책을 만들기까지 도움 주신 몰타 관광청 및 몰타 관광청 한국·일본 담당자 Shingo Endo를 비롯하여 몰타 유학원 관계자, 연남동 '어썸몰타' 카페, 한국 몰타 명예대사관님과 흔쾌히 인터뷰에 응해준 모든 몰타 유학생 및 여행자 분들께 깊이 감사드립니다.

'누가 몰타에 관심이 있을까' '책이 언제 다 팔릴까?'라는 걱정이 무색하게 생각보다 빨리 책이 소진되었습니다. 그만큼 몰타가 예전에 비해 많이 알려진 건 사실이지만 실상 몰타로 떠나는 한국인은 크게 증가하지 않았습니다. 많은 분들이 '몰타'라는 나라를 알고 싶어서 혹은 가고 싶어서 이 책을 구매하셨을 거라 생각됩니다. 하지만 현실과 이상 사이 많은 고민들이 있었겠지요. 시간이 나지 않아서, 갑자기 일이 생겨서 못 가신 분들도 많을 것입니다. 다만 저는 지금 이 책을 들고 있는 당신이 그 언젠가 몰타로 떠나는 날이 오길 바랄 뿐입니다. 그 여행에 이 책이 함께한다면 더할 나위 없이 행복할 것 같습니다.

본문 중 일부 사진은 몰타 관광청 "Visit Malta"에서 제공 받았으며, 상기 이미지는 www.viewingmalta.com 에서 확인 가능합니다. 사진을 제공해준 몰타 관광청에 다시 한 번 깊은 감사의 말씀 전합니다.

We were provided with some of the photos in this book by the Malta Tourism Authority. The photos can be seen at www.viewingmalta.com Thank you to Malta Tourism Authority for offering me the photos.

궁금하신 내용은 이메일이나 블로그에 남겨주세요!

그럴 땐 몰타

2판 1쇄 발행　2019년 8월 18일

글 쓴 이	이세영
사　　　진	이세영
펴 낸 곳	상상력놀이터
펴 낸 이	이도원
교정 . 교열	박정은
디 자 인	이나영
주　　　소	경기도 고양시 장백로 184 우신프라자 305-1호
대 표 전 화	070-8227-4024
홈 페 이 지	www.sangsangup.co.kr
전 자 우 편	contact@sangsangup.co.kr
등 록 번 호	제 2015-000056 호
I S B N	979-11-955087-5-4 (05980) (EPUB)

*책값은 표지 뒷면에 있습니다.
*이 책은 상상력놀이터에서 저작권자와의 계약에 따라 발행한 것으로 허락없이 복제할 수 없습니다.
*파본이나 잘못 인쇄된 책은 구입하신 서점에서 교환해드립니다.